出版说明

近些年，随着全面依法治国的不断推进，我国的社会主义法治建设发生了历史性的变革，取得了历史性的成就，全民法律意识得到空前的提高。法律所体现的公平与正义深入人心，大家在遇到纠纷、侵权等情形时，能够第一时间把“依法办事”“依法维权”作为指导原则，从而为建设法治大环境增加了人民群众方面的坚实力量。

全面推进依法治国，既要坚持科学立法、严格执法、公正司法，也要坚持全民守法。其中，守法不仅仅是从其字面意思理解的“遵守法律规定”，还是在运用法律的层面上体现的“依法办事”“使用法律维权、解决问题”。可以说，用法才是守法的最高境界。那么，如何才能做到“用法”呢？首先要学法、知法、懂法。

不得不说，随着大家法律意识的提高，各界人士的学法积极性在不断地高涨，积极开展法律学习活动。特别是随着《中华人民共和国民法典》的出台，全民学法达到了空前的高潮。为了迎合这一契机，帮助大家学习、运用法律，我们特别组织编写了一套《法律知识学习手册（实用导图版）》，希望能给大家带来帮助。

在这套书中，各分册的内容设置以读者对象为基础，如干部、公务员、农民、青少年、职工、社区工作者等，专门选取了与其工作和生活贴近的法律知识，进行深入浅出的分析，具有很强的实用性与代入感。特别要指出的是，在每一章节，我们制作了“法律知识思维导图”，能够让读者一目了然，快速学习法律知识。读者朋友可以根据自身需要来进行选购，相信总有一册是与您密切相关的！

最后，我们希望本套书能为全面依法治国大计贡献绵薄之力！希望本套书能成为读者朋友学习法律知识的得力助手！同时，希望读者朋友多提宝贵意见！

公务员
法律知识
学习手册

实用导图版

八五普法图书中心◎著

中国法制出版社
CHINA LEGAL PUBLISHING HOUSE

目录／Contents

第一章　公务员基本法律知识

第二章　行政许可法律知识

第三章　行政处罚法律知识

第六章　纪检监察法律知识

第七章　行政强制法律知识

第八章　国家赔偿法律知识

第九章　刑事法律知识

第十章　行政诉讼法律知识

第一章
公务员基本法律知识

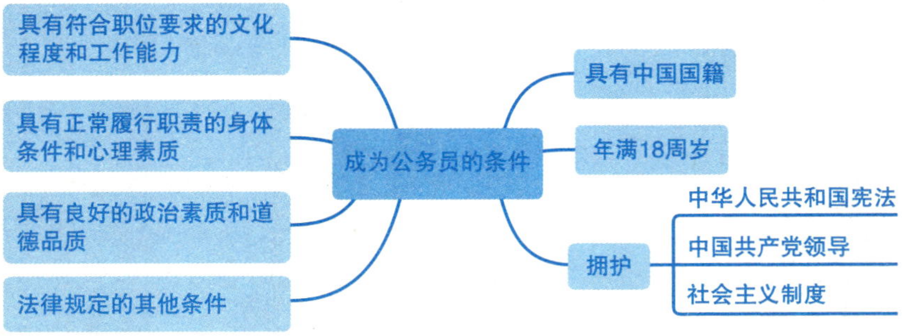
成为公务员的条件
具有中国国籍
年满18周岁
拥护
中华人民共和国宪法
中国共产党领导
社会主义制度
具有符合职位要求的文化程度和工作能力
具有正常履行职责的身体条件和心理素质
具有良好的政治素质和道德品质
法律规定的其他条件

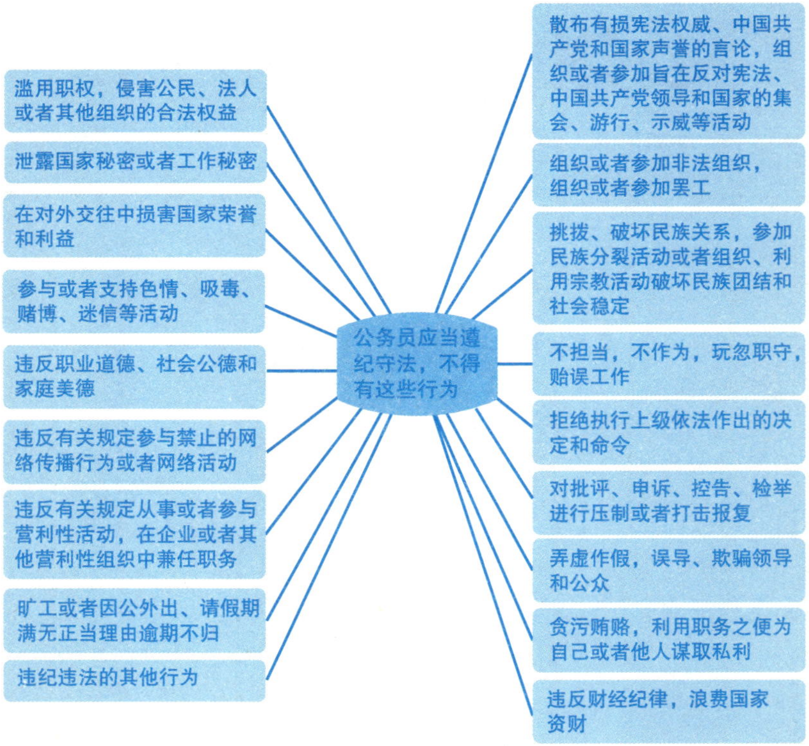
公务员应当遵纪守法，不得有这些行为
散布有损宪法权威、中国共产党和国家声誉的言论，组织或者参加旨在反对宪法、中国共产党领导和国家的集会、游行、示威等活动
组织或者参加非法组织，组织或者参加罢工
挑拨、破坏民族关系，参加民族分裂活动或者组织、利用宗教活动破坏民族团结和社会稳定
不担当，不作为，玩忽职守，贻误工作
拒绝执行上级依法作出的决定和命令
对批评、申诉、控告、检举进行压制或者打击报复
弄虚作假，误导、欺骗领导和公众
贪污贿赂，利用职务之便为自己或者他人谋取私利
违反财经纪律，浪费国家资财
滥用职权，侵害公民、法人或者其他组织的合法权益
泄露国家秘密或者工作秘密
在对外交往中损害国家荣誉和利益
参与或者支持色情、吸毒、赌博、迷信等活动
违反职业道德、社会公德和家庭美德
违反有关规定参与禁止的网络传播行为或者网络活动
违反有关规定从事或者参与营利性活动，在企业或者其他营利性组织中兼任职务
旷工或者因公外出、请假期满无正当理由逾期不归
违纪违法的其他行为

- 公务员的义务和权利
  - 义务
    - 忠于宪法，模范遵守、自觉维护宪法和法律，自觉接受中国共产党领导
    - 忠于国家，维护国家的安全、荣誉和利益
    - 忠于人民，全心全意为人民服务，接受人民监督
    - 忠于职守，勤勉尽责，服从和执行上级依法作出的决定和命令，按照规定的权限和程序履行职责，努力提高工作质量和效率
    - 保守国家秘密和工作秘密
    - 带头践行社会主义核心价值观，坚守法治，遵守纪律，恪守职业道德，模范遵守社会公德、家庭美德
    - 清正廉洁，公道正派
    - 法律规定的其他义务
  - 权利
    - 获得履行职责应当具有的工作条件
    - 非因法定事由、非经法定程序，不被免职、降职、辞退或者处分
    - 获得工资报酬，享受福利、保险待遇
    - 参加培训
    - 对机关工作和领导人员提出批评和建议
    - 提出申诉和控告
    - 申请辞职
    - 法律规定的其他权利

- 不得录用为公务员的人员
  - 因犯罪受过刑事处罚的
  - 被开除中国共产党党籍的
  - 被开除公职的
  - 被依法列为失信联合惩戒对象的
  - 有法律规定不得录用为公务员的其他情形的

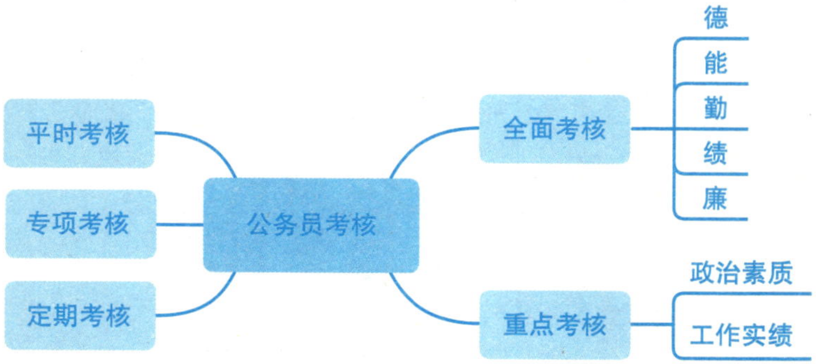
公务员考核
平时考核
专项考核
定期考核
全面考核
德
能
勤
绩
廉
重点考核
政治素质
工作实绩

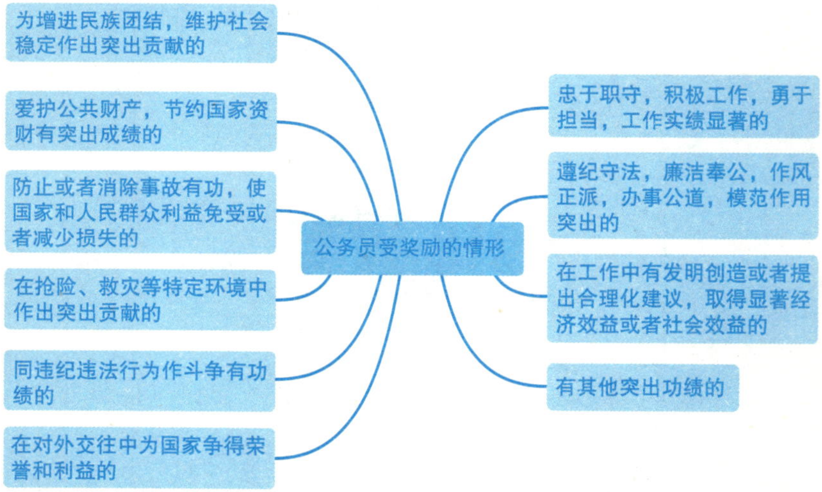
公务员受奖励的情形
为增进民族团结，维护社会稳定作出突出贡献的
爱护公共财产，节约国家资财有突出成绩的
防止或者消除事故有功，使国家和人民群众利益免受或者减少损失的
在抢险、救灾等特定环境中作出突出贡献的
同违纪违法行为作斗争有功绩的
在对外交往中为国家争得荣誉和利益的
忠于职守，积极工作，勇于担当，工作实绩显著的
遵纪守法，廉洁奉公，作风正派，办事公道，模范作用突出的
在工作中有发明创造或者提出合理化建议，取得显著经济效益或者社会效益的
有其他突出功绩的

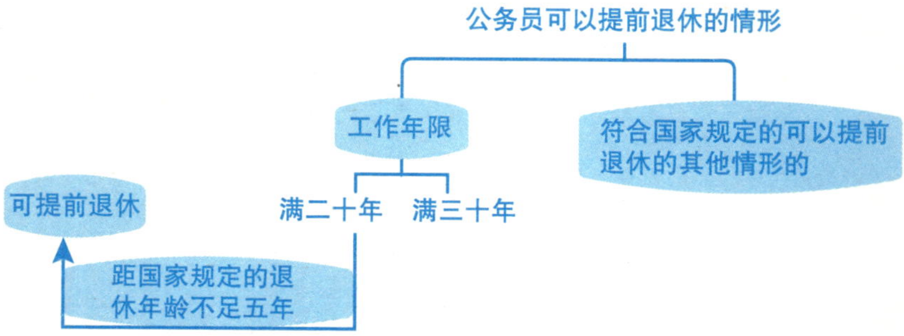
公务员可以提前退休的情形
工作年限
满二十年
满三十年
符合国家规定的可以提前退休的其他情形的
距国家规定的退休年龄不足五年
可提前退休

公务员不得辞去公职的情形

- 未满国家规定的最低服务年限的
- 在涉及国家秘密等特殊职位任职或者离开上述职位不满国家规定的脱密期限的
- 重要公务尚未处理完毕，且须由本人继续处理的
- 正在接受审计、纪律审查、监察调查，或者涉嫌犯罪，司法程序尚未终结的
- 法律、行政法规规定的其他不得辞去公职的情形

公务员被辞退的情形

- 在年度考核中，连续两年被确定为不称职的
- 不胜任现职工作，又不接受其他安排的
- 因所在机关调整、撤销、合并或者缩减编制员额需要调整工作，本人拒绝合理安排的
- 不履行公务员义务，不遵守法律和公务员纪律，经教育仍无转变，不适合继续在机关工作，又不宜给予开除处分的
- 旷工或者因公外出、请假期满无正当理由逾期不归连续超过十五天，或者一年内累计超过三十天的

1. 新录用的公务员有试用期吗?

◆ 案例分析

去年7月，唐某开始准备国家公务员考试。经过几个月的辛苦准备，最终他以优异的成绩顺利通过了笔试和面试。唐某接到通知后，在规定的时间到新单位报到。在报到时，局领导告诉唐某，新录用的公务员有一年的试用期，试用期满合格的，才予以任职，并提醒唐某要认真工作。那么，新录用的公务员有试用期吗?

新录用的公务员的确有一年的试用期，局领导的说法是正确的。公务员考试可以说是一种比较科学、合理、公平的择才机制，可以在一定程度上测验应试者的知识和技能，但其不可避免存在一定的偶然性。公务员作为人民的公仆，与其工作能力和道德品行都有着很大的影响。因此，为了弥补公务员考试制度的不足，《公务员法》第三十四条规定，新录用的公务员试用期为一年。试用期满合格的，予以任职；不合格的，取消录用。本案中，唐某虽然顺利通过了国家公务员考试，被机关录用，但是其仍有一年的试用期，在试用期内应该认真努力地工作。

◆ 法律条文

《中华人民共和国公务员法》

第三十四条 新录用的公务员试用期为一年。试用期满合格的，予以任职；不合格的，取消录用。

深度解析

试用期，是指在劳动合同期限内，劳动关系还处于非正式状态，用人单位对劳动者是否合格进行考核，劳动者对用人单位是否符合自己的要求也进行考核的期限，这是一种双向选择。而公务员实行试用期的目的是一样的，由用人单位在试用期间对试用人员的政治素质、工作能力等做进一步的考察，试用人员也可以考察用人单位是否符合自己的意愿。在试用期内，新录用的公务员享受国家财政统一发放的试用期工资，与所在部门正式工作人员相同的政治和生活福利待遇，履行公务员的义务。但在试用期间，新录用的公务员不确定职务和工资级别。

2. 公务员晋升职务有什么要求?

◆ 案例分析

宋某于2009年7月自某名牌大学毕业，后通过公务员考试，进入某乡镇政府工作。2019年10月，县里选拔县管乡镇后备干部，宋某认为自己学历高、工作能力强，符合选拔条件，于是提交了申请。后在县组织部的主持下通过投票，宋某成为候选后备干部之一。但县组织部经过进一步审查，发现宋某于2019年2月因酒驾曾被行政拘留10天，且被所在乡镇给予了警告处分，于是县组织部认为宋某不符合晋升条件，遂将其排除在候选人之外。宋某对此很不理解，他认为他的条件符合选拔要求，虽然他酒驾的行为不对，然而不应该严重到影响其晋升，况且他已经接受了惩罚。那么，公务员晋升职务到底有什么要求呢?

县组织部因宋某酒驾被所在乡镇给予警告处分而将宋某排除在后备干部候选人之外的行为是合法的。《公务员法》第四十五条第一款规定，公务员晋升领导职务，应当具备拟任职务所要求的政治素质、工作能力、文化程度和任职经历等方面的条件和资格。其中，具备政治素质要求公务员能够全心全意为人民服务，品行端正，正确运用职权，廉洁奉公，遵纪守法，能与不良和不法行为作斗争。

本案中，宋某虽然在工作能力、文化程度和任职经历三方面均符合晋升的条件，但是其因酒驾的不法行为被处以行政拘留 10 天的行政处罚，继而被所在乡镇处以警告处分，宋某知法犯法，显然不符合政治素质条件。

◆ 法律条文

《中华人民共和国公务员法》

第四十五条　公务员晋升领导职务，应当具备拟任职务所要求的政治素质、工作能力、文化程度和任职经历等方面的条件和资格。

公务员领导职务应当逐级晋升。特别优秀的或者工作特殊需要的，可以按照规定破格或者越级晋升。

深度解析

公务员晋升职务应当具备的条件和资格，包括政治素质、工作能力、文化程度及任职经历等。政治素质是指公务员“德”的方面；工作能力是指公务员的“才”；文化程度是指一个人接受教育的程度和具有的知识水平，包括公务员的学历水平、任职岗位所需要的文化水平和专业知识；任职经历则体现了工作经验和业务水平的积累过程。另外，公务员晋升职务，应当逐级晋升，这是一项基本的原则。但是，对于特别优秀的或者工作特殊需要的，可以按照规定破格或者越级晋升职务，这是公务员晋升职务制度中的一种例外情况。

3. 公务员执行公务时，认为上级的决定或者命令有错误，该怎么办？

◆ 案例分析

梁某系某县安监局的处长，该县有丰富的矿产资源，因而钢铁、冶金等重工业也是当地的支柱产业。2019 年上半年，因生产设备落后、监管不力等多种原因，该县一家大型钢铁厂发生了一起安全生产事故。梁某了解到该情况后，便依法将事故情况上报给了县安监局局长夏某。而夏某怕此起事故会影响自己的个人政绩，要求梁某瞒报该起安全生产事故。梁某认为夏某的做法不合法，遂向夏某提出撤销该决定的建议。然而夏某以安监局局长的身份坚持要求梁某瞒报事故。那么，在这种情况下，梁某应该怎么做呢？

梁某作为国家公务员，应该知法、懂法、执法、守法，对于上级夏某“明显违法的决定和命令”，梁某有义务不执行。根据《公务员法》第六十条的规定，公务员执行公务时，认为上级的决定或者命令有错误的，可以向上级提出改正或者撤销该决定或者命令的意见；上级不改变该决定或者命令，或者要求立即执行的，公务员应当执行该决定或者命令，执行的后果由上级负责，公务员不承担责任；但是，公务员执行明显违法的决定或者命令的，应当依法承担相应的责任。当然，公务员承担执行违法命令的责任的前提，是事先知道该决定或命令是明显违法的，并且由于执行该决定或命令造成了一定的危害后果。而对于不属于明显违法的决定或者命令，下级可以提出自己的意见，在上级不改变该决定或者命令时，下级应当执行，只是执行后果由上级承担。

◆ 法律条文

《中华人民共和国公务员法》

第六十条　公务员执行公务时，认为上级的决定或者命令有错误的，可以向上级提出改正或者撤销该决定或者命令的意见；上级不改变该决定或者命令，或者要求立即执行的，公务员应当执行该决定或者命令，执行的后果由上级负责，公务员不承担责任；但是，公务员执行明显违法的决定或者命令的，应当依法承担相应的责任。

深度解析

公务员有服从上级决定与命令的义务，也有遵守国家法律法规的义务。当上级的决定或命令合法正确时，这两个义务是一致的。但当上级的决定与命令出现错误时，则应具体分为两种情况对待：一种情况是原则性规定，尽管认为上级的决定或者命令有错误，只要上级坚持就应执行，需要注意的是此处的“错误”涉及法律与事实、合法性与适当性等多个方面，需要综合考量其“错误性”；另一种情况是例外性规定，上级作出的决定或者命令如果不是一般的错误，而是明显违法时，则应当不执行，如果执行，要承担相应的责任。

4. 公务员可以自行申请回避吗?

◆ 案例分析

韩某是某市人民法院刑一庭的法官。2020 年 5 月，韩某目睹了赵某故意伤害陈某的过程，并在其他人的协助下将赵某扭送到公安机关，向公安机关证实了赵某伤害陈某的事实。公安机关侦查终结，依法将该案移送到人民检察院。检察院依法向某市人民法院提起公诉。该市人民法院对案件进行审查后，决定开庭审理。在确定合议庭组成人员时，韩某认为自己目睹了案发经过，作为该案的证人，不应再审理本案，遂自行提出了回避申请。韩某的做法正确吗?

韩某自行申请回避的做法正确。回避是指国家机关工作人员在行使职权过程中，因其与所处理的事务有利害关系，为保证实体处理结果和程序进展的公正性，根据当事人的申请或国家机关工作人员的请求，有权机关依法停止其在本案中职务的行使的一种法律制度。根据《公务员法》第七十七条的规定，公务员有应当回避情形的，本人应当申请回避；利害关系人有权申请公务员回避。其他人员可以向机关提供公务员需要回避的情况。机关根据公务员本人或者利害关系人的申请，经审查后作出是否回避的决定，也可以不经申请直接作出回避决定。

本案中，韩某是赵某故意伤害案的证人，不能再担任审判人员，依据法律规定属于应当回避的情形，韩某主动申请回避符合法律规定。

◆ 法律条文

《中华人民共和国公务员法》

第七十七条　公务员有应当回避情形的，本人应当申请回避；利害关系人有权申请公务员回避。其他人员可以向机关提供公务员需要回避的情况。

机关根据公务员本人或者利害关系人的申请，经审查后作出是否回避的决定，也可以不经申请直接作出回避决定。

深度解析

根据公务员回避制度的启动主体不同，公务员回避的方式有三类：自行回避、申请回避及决定回避。自行回避，是指公务员认为自己具有法律规定的回避情形时，向有关负责人主动请求回避处理。申请回避，是指利害关系人认为处理案件的公务员具备法律规定的回避情形时，在公务执行结束前，依法向有权机关请求停止该公务员继续处理该公务。自行回避与申请回避需要有权机关依法对申请进行审查后作出是否准许申请的决定。决定回避是指有权机关在没有公务员提出自行回避或利害关系人提出回避申请的情况下，根据已经掌握的情况，认为公务员存在回避情形的，径行作出回避决定。

5. 公务员退休后，是否可以从事与原工作业务直接相关的营利性活动？

◆ 案例分析

侯某是某市开发区工作小组的组长，负责招商引资工作，经常与各公司董事、经理打交道，互相之间也有些交情。侯某退休后，朋友袁某想聘请他到自己的公司，并开出高薪，但被侯某婉言拒绝，理由是公务员退休之后不能到与之前工作相关的企业任职。袁某很是不解，自己是出于朋友的情谊邀请侯某来公司的，法律为什么不允许呢？

侯某确实不能到袁某的公司任职，这是法律保障公务员廉洁性以及市场经济的公平公正，对公务员离退休之后的从业限制，以防止公务员利用在职期间的公权力对其他企业产生影响。《公务员法》第一百零七条第一款规定："公务员辞去公职或者退休的，原系领导成员、县处级以上领导职务的公务员在离职三年内，其他公务员在离职两年内，不得到与原工作业务直接相关的企业或者其他营利性组织任职，不得从事与原工作业务直接相关的营利性活动。"因此，公务员退休后，不可以立即从事与原工作业务直接相关的营利性活动，而是要经过一定期限才可以。本案中，侯某拒绝袁某邀请的做法是正确的，否则将触犯《公务员法》的规定。

◆ 法律条文

《中华人民共和国公务员法》

第一百零七条　公务员辞去公职或者退休的，原系领导成员、县处级以上领导职务的公务员在离职三年内，其他公务员在离职两年内，不得到与原工作业务直接相关的企业或者其他营利性组织任职，不得从事与原工作业务直接相关的营利性活动。

公务员辞去公职或者退休后有违反前款规定行为的，由其原所在机关的同级公务员主管部门责令限期改正；逾期不改正的，由县级以上市场监管部门没收该人员从业期间的违法所得，责令接收单位将该人员予以清退，并根据情节轻重，对接收单位处以被处罚人员违法所得一倍以上五倍以下的罚款。

深度解析

法律对公务员辞去公职或者退休后进行从业限制，是为了加强公务员机关的廉政建设，防止公务员以权谋私。公务员在职期间掌握一定的公权力，对隶属的单位具有一定的影响，这种权力的惯性和影响力一经形成就具有相对的稳定性和渗透性，即便在公务员本人离开公务员机关后的一段时间内仍具有不可低估的影响作用。所以法律不仅要对公务员在职期间的行为加以严格约束，还要对公务员离职后的行为作出一定的限制。

6. 公务员的工资是怎样构成的？

◆ 案例分析

去年，经过激烈的竞争，孙某终于如愿以偿地成为某市地税局的一名普通公务员。经过一年的试用期，孙某顺利通过考核，成了正式科员。只是，孙某一直对自己的工资很困惑，有的时候会有一定数额的津贴，有的时候则没有。那么，公务员的工资到底由哪几部分构成呢？

根据《公务员法》第八十条的规定，公务员工资包括基本工资、津贴、补贴和奖金。公务员按照国家规定享受地区附加津贴、艰苦边远地区津贴、岗位津贴等津贴。公务员按照国家规定享受住房、医疗等补贴、补助。公务员在定期考核中被确定为优秀、称职的，按照国家规定享受年终奖金。公务员工资应当按时足额发放。由此可知，公务员工资由四个部分构成：一是基本工资，二是津贴，三是补贴，四是奖金。基本工资是公务员工资结构的主体，也是确定公务员退休金、抚恤金等项目的主要依据。津贴、补贴和奖金则是公务员工资的重要组成部分和补充。而按时足额发放工资是公务员工资制度最基本的要求。

◆ 法律条文

《中华人民共和国公务员法》

第八十条 公务员工资包括基本工资、津贴、补贴和奖金。

公务员按照国家规定享受地区附加津贴、艰苦边远地区津贴、岗位津贴等津贴。

公务员按照国家规定享受住房、医疗等补贴、补助。

公务员在定期考核中被确定为优秀、称职的，按照国家规定享受年终奖金。

公务员工资应当按时足额发放。

深度解析

公务员工资由基本工资、津贴、补贴和奖金四部分构成。公务员的基本工资由反映职务的职务工资及反映级别的级别工资组成。津贴是根据不同公务员的不同情况给予的补贴，是公务员工资的一种补充形式，主要为按照国家规定享受的地区附加津贴、艰苦边远地区津贴和岗位津贴等。公务员的补助分为住房、医疗等补贴、补助。而公务员的奖金则是根据按劳分配原则采取的作为工资补充的劳动报酬形式，是对工作认真负责、工作成绩显著的公务员的物质奖励。

7. 公务员具备哪些条件时，可以被确定为优秀等次？

◆ 案例分析

张某大学毕业后通过努力考入了某国家机关，进入岗位后，张某立志做一名优秀的公务员，为国家奉献自己的青春。但张某对于公务员职业还不太熟悉，如何对公务员进行评定需要依照《公务员考核规定》进行，张某怎样才能被评定为优秀的公务员呢？

公务员每年要进行年度考核，考核的结果分为优秀、称职、基本称职和不称职四个等次。公务员年度考核应当依据规定进行。《公务员考核规定》第七条规定："确定为优秀等次应当具备下列条件：（一）思想政治素质高；（二）精通业务，工作能力强；（三）责任心强，勤勉尽责，工作作风好；（四）圆满完成年度工作任务，工作实绩突出；（五）清正廉洁。"

◆ 法律条文

《中华人民共和国公务员法》

第三十八条 定期考核的结果分为优秀、称职、基本称职和不称职四个等次。

定期考核的结果应当以书面形式通知公务员本人。

第三十九条 定期考核的结果作为调整公务员职位、职务、职级、级别、工资以及公务员奖励、培训、辞退的依据。

《公务员考核规定》

第七条　确定为优秀等次应当具备下列条件：

（一）思想政治素质高；

（二）精通业务，工作能力强；

（三）责任心强，勤勉尽责，工作作风好；

（四）圆满完成年度工作任务，工作实绩突出；

（五）清正廉洁。

深度解析

考核等次是对公务员本年度中实际表现优劣的一种高度概括性评价形式。考核等次是公务员年度考核的最终结果，是一种法定的评价方式，每个考核等次都有相应的标准对应。所谓优秀，是指正确贯彻执行党和国家的路线、方针、政策，模范遵守各项规章制度，熟悉业务，工作勤奋，有改革创新精神，成绩突出。考核等次的结果直接与公务员的职务、级别、工资待遇等挂钩，公务员有权及时知道影响自己重大权益的考核结果。

8. 公务员具有哪些情形时，应确定为不称职等次？

◆ 案例分析

张某考入公务员岗位以后，发现自己身边的一名同事平时好吃懒做，来办事的人民群众对他也很是不满意，于是很诧异，这样的人怎么能够留在公务员的队伍当中呢？果然，在该年的年度考核中，这名懒散的公务员被评为了不称职，领导将其降职并在奖金和工资方面予以处罚。那么，出现什么情形时公务员会被确定为不称职呢？

《公务员考核规定》第十条规定："公务员有下列情形之一的，应当确定为不称职等次：（一）思想政治素质较差；（二）业务素质和工作能力不能适应工作要求；（三）责任心缺失，工作不担当、不作为，或者工作作风差；（四）不能完成工作任务，或者在工作中因严重失误、失职造成重大损失或者恶劣社会影响；（五）存在不廉洁问题，且情形较为严重。"

◆ 法律条文

《公务员考核规定》

第十条 公务员有下列情形之一的，应当确定为不称职等次：

（一）思想政治素质较差；

（二）业务素质和工作能力不能适应工作要求；

（三）责任心缺失，工作不担当、不作为，或者工作作风差；

（四）不能完成工作任务，或者在工作中因严重失误、失职造成重大损失或者恶劣社会影响；

（五）存在不廉洁问题，且情形较为严重。

深度解析

《公务员法》将公务员的定期考核结果分为了优秀、称职、基本称职和不称职四个等次。所谓不称职，是指思想政治、业务素质较差，难以适应工作要求，或工作责任心不强，不能完成工作任务，或在工作中造成严重失误。对确定为"不称职"等次的人员，当年定为不称职的，要按有关规定降职，工资级别也相应调整。降职后，其职务工资就降至新任职务工资档次。连续两年被确定为不称职的，按规定要予以辞退。对定期考核为不称职的人事处理决定不服的，公务员有权提出申诉。

9. 对无正当理由不参加年度考核的公务员，该如何处理？

◆ 案例分析

陈某大学毕业之后考上了公务员，但他好高骛远，自认为能力颇强，对待工作很不认真，认为工作太简单，他的能力得不到发挥。这样的工作态度致使许多来办事的群众对其充满怨言，并遭到多次举报。到了要进行年度考核的时候，陈某突然发现，只有自己一人不称职，为了不丢脸，陈某坚决不参加年度考核，领导对其进行了教育，陈某还是不听。那么，陈某的行为会导致什么样的结果呢？

年度考核是我国法定的一种公务员评定方式，每名公务员都必须参加，不参加的要依法进行处理。《公务员考核规定》第三十一条第一款规定："公务员应当按照规定参加考核。对无正当理由不参加年度考核的公务员，经教育后仍然拒绝参加的，直接确定其考核结果为不称职等次。"

◆ 法律条文

《公务员考核规定》

第三十一条 公务员应当按照规定参加考核。对无正当理由不参加年度考核的公务员，经教育后仍然拒绝参加的，直接确定其考核结果为不称职等次。

考核中发现公务员存在违纪违法问题线索的，移送纪检监察、司法机关处理。

深度解析

公务员年度考核是国家公务员管理的重要内容，每一名公务员都应当参加。《公务员考核规定》中明确规定了不参加年度考核应当承担的后果，这样才能促使公务员年度考核更加顺利进行。其中“正当理由”理解为合理的理由，应当在法律条文中列举，可由各地的实施细则进行规定。

10. 公务员共同违法违纪的，会受到相同的处分吗？

◆ 案例分析

2019年10月，某市交叉路口发生一起交通事故，一辆比亚迪轿车与一辆雪铁龙轿车相撞，造成雪铁龙车主轻伤，被送往医院治疗。值班交警小赵接到报警后正准备赶往现场。这时同事小唐叫住他，说比亚迪车主是自己的远房亲戚，刚打来电话，希望小赵处理的时候照顾一下。小赵明白小唐的意思，说到了现场看情况。小赵到了现场后发现，事故现场很清晰，是比亚迪轿车左拐未让行直行的雪铁龙，应负全责，但想到小唐的嘱咐，小赵就将事故认定书写成了比亚迪车主负70%的责任，雪铁龙车主负30%的责任。雪铁龙车主不服，向上一级公安机关交通管理部门提出复核申请，小赵的行为被发现，无奈之下他说出了实情。那么，小赵与小唐共同违法违纪，会受相同的处分吗？

两人受到的处分不一定相同。根据《公职人员政务处分法》第九条的规定，行政机关公务员两人以上共同违法，需要给予处分的，应根据各自在违法行为中所起的作用和应当承担的法律责任分别给予政务处分。本案中，小赵与小唐虽然共同违法，但不一定处分相同。小唐虽然没有直接参与，但在该行为中起到了谋划和教唆的作用；而小赵更像是一个执行者。

◆ 法律条文

《中华人民共和国公职人员政务处分法》

第九条　公职人员二人以上共同违法，根据各自在违法行为中所起的作用和应当承担的法律责任，分别给予政务处分。

深度解析

共同违法，必须有违法的共同故意和共同违法的行为。在实施共同违法行为时，尽管所处的地位、参加的程度甚至参与的时间都有所不同，但他们的行为在总体上都是为了达成同一个目标，从而紧密联系，有机配合。如果多人共同侵犯了同一客体，但如果彼此没有共同联系，则不能构成共同违法。

11. 纪委监委工作人员阻止他人检举控告，应当从重处分吗？

◆ 案例分析

袁某在某县纪委监委任职，负责接待群众的检举控告工作。2019 年 3 月的一天，袁某接待了一个群众，要检举控告郭家庄村支书涉嫌贪污贿赂、违法分地的事情。袁某一听便认出了该人。因为袁某妻子的老家就是郭家庄，妻子的堂哥就是郭家庄的村支书，一直以来都听说有一个人早年间因一些琐事与妻子的堂哥家结仇，多年来一直想告状。袁某见此便找借口说今天马上下班，不能再接待他，将其赶走。事后袁某找到该人好言相劝，让他不要再来上告，安心种地，该人不听。袁某便恐吓他说，再这样闹下去就让公安局把他抓起来。于是举报人再没来过，袁某也以为此事就此平息。没想到 5 月的一天，领导找到袁某谈话，内容就是关于他阻止他人检举控告的事。那么，袁某的行为按照法律规定应该从重处分吗？

袁某的行为应该从重处分。《公职人员政务处分法》第十三条规定："公职人员有下列情形之一的，应当从重给予政务处分：……（二）阻止他人检举、提供证据的……"本案中，袁某作为公职人员，阻止他人检举，符合法律规定的应当从重处分的情形，应当依照相关规定对袁某从重处分。

◆ 法律条文

《中华人民共和国公职人员政务处分法》

第十三条　公职人员有下列情形之一的，应当从重给予政务处分：

（一）在政务处分期内再次故意违法，应当受到政务处分的；

（二）阻止他人检举、提供证据的；

（三）串供或者伪造、隐匿、毁灭证据的；

（四）包庇同案人员的；

（五）胁迫、唆使他人实施违法行为的；

（六）拒不上交或者退赔违法所得的；

（七）法律、法规规定的其他从重情节。

深度解析

从重处分情节属于量纪情节，分为法定情节和酌定情节。法定情节指有关法律法规、规章有明确规定，在量纪时应当予以考虑的情节。即只要违法违纪人具有从重处分的情节就必须从重处分，没有选择的余地。酌定情节指没有明文规定，根据立法精神，由处分决定机关从处分实践经验中总结出来的，在量纪时酌情予以考虑的情节。

12. 民警违法实施行政拘留的，应给予什么处分？

◆ 案例分析

刘某高中毕业后一直没有正经工作，因为时不时经常跟人起冲突、打架，进派出所便是家常便饭。片区民警小罗工作两年，就处理过刘某的事情不下 10 次，但因为每次都不太严重，一般就批评教育，最严重的一次是罚款 50 元。2019 年 8 月的一天，天气非常闷热，刘某因为工地的事跟人打了起来，双方都受了点小伤，并无大碍。正好这天赶上小罗值班，他本来就心情烦躁，又赶上刘某这个“惯犯”摆出一副很不服气的样子，于是一气之下告诉刘某要对他处以行政拘留 15 日的处罚，并真的将刘某关在了派出所。虽然刘某经常惹事，但这次刘某的行为并不符合行政拘留的条件，小罗无权决定对刘某实施行政拘留。那么对于小罗违法实施行政处罚的行为，应给予什么处分？

《公职人员政务处分法》第三十九条规定，公职人员滥用职权，侵害公民合法权益，造成不良后果或影响的，予以警告、记过或记大过；情节较重的，予以降职或撤职；情节严重的，予以开除。本案中，小罗作为民警，没有严格按照法律规定处理案件，而是知法犯法，滥用职权，违法实施行政拘留，侵害了刘某的人身自由，应给予警告或者记过等政务处分。

◆ 法律条文

《中华人民共和国公职人员政务处分法》

第三十九条　有下列行为之一，造成不良后果或者影响的，予以警告、记过或者记大过；情节较重的，予以降级或者撤职；情节严重的，予以开除：

（一）滥用职权，危害国家利益、社会公共利益或者侵害公民、法人、其他组织合法权益的；

（二）不履行或者不正确履行职责，玩忽职守，贻误工作的；

（三）工作中有形式主义、官僚主义行为的；

（四）工作中有弄虚作假，误导、欺骗行为的；

（五）泄露国家秘密、工作秘密，或者泄露因履行职责掌握的商业秘密、个人隐私的。

深度解析

所谓滥用职权，是指公职人员或行政机关违反法律规定，故意逾越职权作出其无权决定的行为，处理其无权处理的事项等行为。行政处罚涉及被处罚对象的人身或财产权益，决定和实施行政处罚必须以法律为依据，以事实为准绳，依法依程序进行，不得由公职人员任意而为。违反规定对公民实施行政处罚的，轻则导致行为人受到政务处分，重则涉嫌构成犯罪，将导致行为人面临刑事处罚。

13. 公务员对处分决定不服的，应该怎么办?

◆ 案例分析

某市财政局自今年年初起实行一项新的纪律，工作人员每天准点签到，不签到视为旷工。小牛因为经常需要外出办事，总是无法准点签到，因此隔三岔五被记旷工。小牛认为这是自己的工作性质所致，局里应该能理解，因此也没太在意。一个月后，有关人员找到小牛，告知他一个月内旷工 17 天，要对其处以记过的处分。小牛听了非常生气，也非常震惊，认为自己每天都在奔波，甚至比一般上班的工作时间都长，这个大家都知道，居然因为没签到就真的算自己旷工，还要给予记过这么严重的处分，心里非常不服。那么，按照相关规定，小牛该怎样维护自己的权益呢?

根据《公职人员政务处分法》第五十五条第一款的规定，受到政务处分的公职人员对政务处分决定不服的，可以依法向作出决定的监察机关申请复审；如对复审决定仍不服的，可以向上一级监察机关申请复核。本案中，小牛对处分决定不服，有权向作出该处分决定的监察机关申请复审来维护自身权益；如果其对复审的决定仍然不服，还可以向上一级监察机关申请复核。

◆ 法律条文

《中华人民共和国公职人员政务处分法》

第五十五条 公职人员对监察机关作出的涉及本人的政务处分

决定不服的，可以依法向作出决定的监察机关申请复审；公职人员对复审决定仍不服的，可以向上一级监察机关申请复核。

监察机关发现本机关或者下级监察机关作出的政务处分决定确有错误的，应当及时予以纠正或者责令下级监察机关及时予以纠正。

第五十六条　复审、复核期间，不停止原政务处分决定的执行。

公职人员不因提出复审、复核而被加重政务处分。

深度解析

公职人员对处分决定不服，一般可以选择向作出决定的监察机关申请复审。需要注意的是，对监察机关作出的处分决定不服的，只能向上一级监察机关申请复核。为防止出现利用救济途径拖延处分执行的情况，法律规定复审、复核期间不停止原政务处分决定的执行。另外，公务员不得因提出复审、复核而被加重处分，是为了减轻申诉人的心理负担，有利于其更好地维权。

14. 没有参加初任培训的新录用公务员不能任职定级吗?

◆ 案例分析

2019 年 4 月，张某（女）报名当地的公务员录用考试，参加笔试，成功进入面试，最后经过政审、体检等一系列程序，成了当地人民政府的一名新录用公务员。根据人事部门的统一组织，张某和其他新录用公务员在试用期内将进行为期 15 日的初任培训。但是由于自己正在孕期，身体不好，张某便没能参加初任培训。后张某返回工作岗位，发现除了自己外，同批新录用的公务员都有了相应职务和级别。张某询问同事，同事说是因为她没有参加初任培训的缘故。张某疑惑，没有参加初任培训的新录用公务员就不能任职定级吗？

没有参加初任培训的新录用公务员不能任职定级。公务员培训是为了建设高素质的公务员队伍，新录用的公务员大部分都是第一次进入公务员队伍工作，需要通过培训来提高适应机关工作的能力、提升自身素质，然后再任职。如不参加培训就任职定级，那么因为能力的欠缺，必然会影响到此后工作的进行。因此，《公务员培训规定》第十八条规定，没有参加初任培训或者初任培训考核不合格的新录用公务员，不能任职定级。本案中，由于张某没有参加初任培训，所以她不能任职定级。她应该做的，就是及时进行补训。

◆ 法律条文

《公务员培训规定》

第十八条　没有参加初任培训或者初任培训考核不合格的新录用公务员，不能任职定级。

没有参加任职培训或者任职培训考核不合格的公务员，应当根据不同情况，按有关规定处理。

专门业务培训考核不合格的公务员，不得从事专门业务工作。

公务员因故未按规定参加培训或者未达到培训要求的，应当及时补训。无正当理由不参加培训的公务员，根据情节轻重，给予批评教育、责令检查、诫勉、组织调整或者组织处理、处分。培训考核不合格的，年度考核不得确定为优秀等次。

深度解析

初任培训是对新录用公务员政治理论、依法行政、公务员法和公务员行为规范、机关工作方式方法等基本知识和技能进行的培训，旨在提高新录用公务员适应机关工作的能力。没有参加初任培训的公务员，相当于漏缺了公务员工作的知识和技能，他们虽然进入了公务员队伍，但不能称之为合格的公务员，无法完全胜任工作，因此也不能任职定级。

15. 公务员在参加培训期间违反培训规定的要给予处分吗?

◆ 案例分析

老周在某局已经工作了几十年，经过努力，终于光荣地被晋升到了领导职务。任职后，按照新任职务的要求，老周参加了为期30日的任职培训。培训期间，按照规定老周应当每日按时亲自参加培训并签到签退，但因为各种大小事务影响，老周时不时签到后就偷偷离开培训场地外出办事。后来，老周竟然索性直接找人顶替自己签到签退、参加培训。因顶替参加培训的人心虚，老周之事被揭发，引起了轩然大波。老周因此被给予处分。老周不服，认为只是个培训，又没有违反纪律。那么，公务员在参加培训期间违反培训有关规定的要给予处分吗?

公务员在参加培训期间违反培训有关规定，情节严重的，会被给予处分。没有规矩，不成方圆，公务员的培训工作对象广、数量大，要想科学化、制度化、规范化地进行培训，就必须有奖有惩。同时，公务员也必须具备遵纪守法的素质和榜样力量。因此，《公务员培训规定》第八条规定，公务员在参加培训期间应当遵守培训的规章制度，如违反培训有关规定和纪律的，视情节轻重，给予批评教育、责令检查、诫勉、组织调整或者组织处理、处分。本案中，老周从本应自己参加培训变为自己签到后外出办事，又发展到直接找人顶替自己签到签退、参加培训，明显违反了培训的规定，其行为引起轩然大波，影响严重，被给予处分系依法处理。

◆ 法律条文

《公务员培训规定》

第八条　公务员应当服从组织调训，遵守培训的规章制度，完成规定的培训任务。培训经考核合格后，获得相应的培训结业证书。

公务员参加培训期间违反培训有关规定和纪律的，视情节轻重，给予批评教育、责令检查、诫勉、组织调整或者组织处理、处分。弄虚作假获取培训经历、学历或者学位的，按照有关规定严肃处理。

深度解析

公务员是以身作则的表率，要遵纪守法，遵守培训规定和纪律。作为公务员考核的内容和任职、晋升的依据之一，公务员应当积极参加培训，将理论联系实际，全面发展，学以致用。在参加培训期间违反培训有关规定和纪律的，就是对工作的不负责任，依法可以根据情节轻重，给予批评教育、责令检查、诫勉、组织调整或者组织处理、处分。

16. 因刑事犯罪曾被开除公职的人不能报考公务员吗?

◆ 案例分析

2013 年，丁某就通过公务员录用考试进入了公务员队伍，经培训考核合格后在某局任职定级。2015 年，因为争取“先进”，丁某向主管领导行贿，被法院处以三年有期徒刑，同时被开除公职。2019 年，丁某再次报名公务员考试，但是却被告知：其因刑事犯罪曾被开除公职而不能报考。那么，因刑事犯罪被开除过公职的人就不能报考公务员吗?

曾因刑事犯罪被开除公职的人确实不能报考公务员。公务员是依法履行公职、纳入国家行政编制、由国家财政负担工资福利的工作人员。作为履行公职、代表国家工作的公务员应当具有良好的德才素质。因此，《公务员录用规定》第十九条的规定，因犯罪受过刑事处罚的、曾被开除公职的人不得报考公务员。根据该条，无论是过失犯罪还是故意犯罪，抑或是曾被开除公职，都终身不能报考公务员。本案中，丁某同时存在曾因犯罪受过刑事处罚、曾被开除公职的情形，依法不能报考公务员。

◆ 法律条文

《公务员录用规定》

第十九条 下列人员不得报考公务员：

（一）因犯罪受过刑事处罚的；

（二）被开除中国共产党党籍的；

（三）被开除公职的；

（四）被依法列为失信联合惩戒对象的；

（五）有法律规定不得录用为公务员的其他情形的。

深度解析

公务员依法代表国家履行公职，他们个人工作行为的背后是国家行政管理、行政执法等政府职能的行使。因此，必须保证新录用公务员的基本素质。对于具有影响公务员评价及履行公职的严重不良因素的，如曾因犯罪受过刑事处罚、曾被开除公职的情形，国家就禁止他们进入公务员队伍。

17. 获得荣誉称号后受到刑事处罚的，要撤销奖励吗？

◆ 案例分析

胡某大学毕业后成功考入了某局，成了一名公务员。因为在工作中积极钻研，胡某发明创造了一个公务办公系统，使得单位办公的工作效率大大提高。2015 年，在年度总结表彰大会上，胡某被当地人大常委会授予了“公务员能手”的荣誉称号。2020 年 5 月，胡某因严重违纪并涉嫌违法犯罪被开除党籍、公职。随后其又被撤销了“公务员能手”荣誉称号，被停止享受有关待遇，收回奖章、证书。那么，公务员获得荣誉称号后受到刑事处罚的，一定要撤销奖励吗？

公务员获得荣誉称号后受到刑事处罚的，要撤销奖励。授予荣誉称号，是国家奖励先进，表彰优秀的一种激励方式，旨在树立典型，引导广大公务员以此为榜样积极学习，鼓励大家争取先进。如果被国家授予荣誉的先进榜样存在违法的不良情形，那么就会损害国家公务员整体形象，影响称号声誉，引导其他人走向错误的道路。因此，《公务员法》第五十六条规定：“公务员或者公务员集体有下列情形之一的，撤销奖励：……（三）有严重违纪违法等行为，影响称号声誉的……”也就是说，在获得荣誉称号后，公务员存在严重违纪违法行为，如违法犯罪影响其所获得的荣誉称号的声誉的，将被撤销奖励。本案中，胡某因严重违纪并涉嫌违法犯罪被开除党籍、公职，其依法应被撤销“公务员能手”荣誉称号。

◆ 法律条文

《中华人民共和国公务员法》

第五十六条　公务员或者公务员集体有下列情形之一的，撤销奖励：

（一）弄虚作假，骗取奖励的；

（二）申报奖励时隐瞒严重错误或者严重违反规定程序的；

（三）有严重违纪违法等行为，影响称号声誉的；

（四）有法律、法规规定应当撤销奖励的其他情形的。

深度解析

为激励公务员忠于职守、勤政廉政、提高工作效能，充分调动他们的工作积极性，对于工作表现突出，有显著成绩和贡献，或者有其他突出事迹的公务员或者公务员集体，国家可以通过嘉奖、记三等功、记二等功、记一等功、授予荣誉称号等方式给予奖励，表彰先进，但是同时也应当确保先进的真实性。对于获得荣誉称号后，公务员又受到开除处分、刑事处罚等明显与荣誉指向相背离的情形时，应当撤销此名不副实的奖励。

第二章
行政许可法律知识

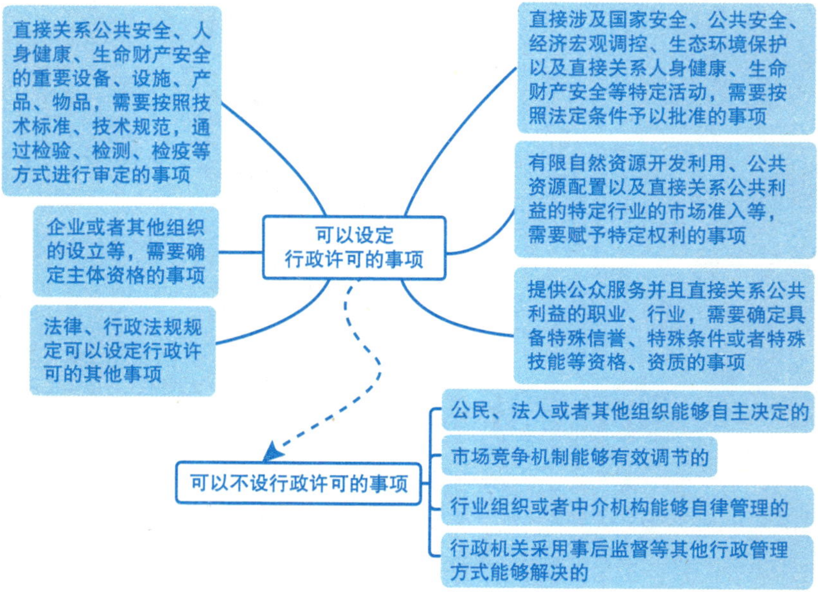
可以设定行政许可的事项
直接关系公共安全、人身健康、生命财产安全的重要设备、设施、产品、物品，需要按照技术标准、技术规范，通过检验、检测、检疫等方式进行审定的事项
企业或者其他组织的设立等，需要确定主体资格的事项
法律、行政法规规定可以设定行政许可的其他事项
直接涉及国家安全、公共安全、经济宏观调控、生态环境保护以及直接关系人身健康、生命财产安全等特定活动，需要按照法定条件予以批准的事项
有限自然资源开发利用、公共资源配置以及直接关系公共利益的特定行业的市场准入等，需要赋予特定权利的事项
提供公众服务并且直接关系公共利益的职业、行业，需要确定具备特殊信誉、特殊条件或者特殊技能等资格、资质的事项
可以不设行政许可的事项
公民、法人或者其他组织能够自主决定的
市场竞争机制能够有效调节的
行业组织或者中介机构能够自律管理的
行政机关采用事后监督等其他行政管理方式能够解决的

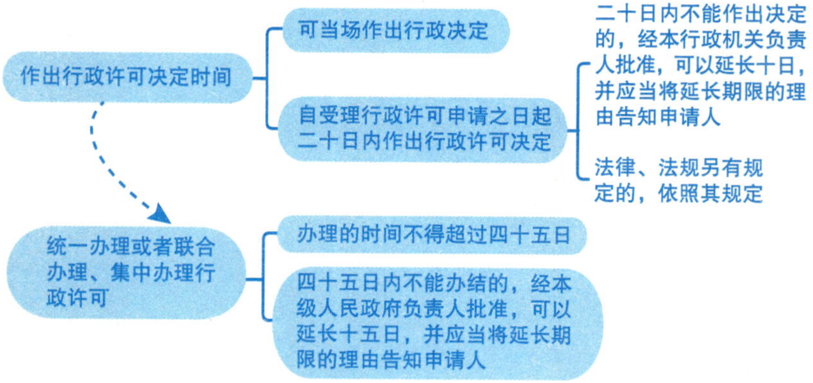
作出行政许可决定时间
可当场作出行政决定
自受理行政许可申请之日起二十日内作出行政许可决定
二十日内不能作出决定的，经本行政机关负责人批准，可以延长十日，并应当将延长期限的理由告知申请人
法律、法规另有规定的，依照其规定
统一办理或者联合办理、集中办理行政许可
办理的时间不得超过四十五日
四十五日内不能办结的，经本级人民政府负责人批准，可以延长十五日，并应当将延长期限的理由告知申请人

撤销行政许可的情形

- 行政机关工作人员滥用职权、玩忽职守作出准予行政许可决定的
- 超越法定职权作出准予行政许可决定的
- 违反法定程序作出准予行政许可决定的
- 对不具备申请资格或者不符合法定条件的申请人准予行政许可的
- 依法可以撤销行政许可的其他情形
- 被许可人以欺骗、贿赂等不正当手段取得行政许可的

办理有关行政许可注销手续的情形

- 行政许可有效期届满未延续的
- 赋予公民特定资格的行政许可，该公民死亡或者丧失行为能力的
- 法人或者其他组织依法终止的
- 行政许可依法被撤销、撤回，或者行政许可证件依法被吊销的
- 因不可抗力导致行政许可事项无法实施的
- 法律、法规规定的应当注销行政许可的其他情形

进行听证的程序

- 举行听证时，审查该行政许可申请的工作人员应当提供审查意见的证据、理由，申请人、利害关系人可以提出证据，并进行申辩和质证
- 听证应当制作笔录，听证笔录应当交听证参加人确认无误后签字或者盖章。行政机关应当根据听证笔录，作出行政许可决定
- 行政机关应当于举行听证的七日前将举行听证的时间、地点通知申请人、利害关系人，必要时予以公告
- 听证应当公开举行
- 行政机关应当指定审查该行政许可申请的工作人员以外的人员为听证主持人，申请人、利害关系人认为主持人与该行政许可事项有直接利害关系的，有权申请回避

行政机关及其工作人员违反行政许可法的规定，有下列情形之一的，由其上级行政机关或者监察机关责令改正

- 对符合法定条件的行政许可申请不予受理的
- 不在办公场所公示依法应当公示的材料的
- 在受理、审查、决定行政许可过程中，未向申请人、利害关系人履行法定告知义务的
- 申请人提交的申请材料不齐全、不符合法定形式，不一次告知申请人必须补正的全部内容的
- 违法披露申请人提交的商业秘密、未披露信息或者保密商务信息的
- 以转让技术作为取得行政许可的条件，或者在实施行政许可的过程中直接或者间接地要求转让技术的
- 未依法说明不受理行政许可申请或者不予行政许可的理由的
- 依法应当举行听证而不举行听证的

→ 情节严重的，对直接负责的主管人员和其他直接责任人员依法给予行政处分

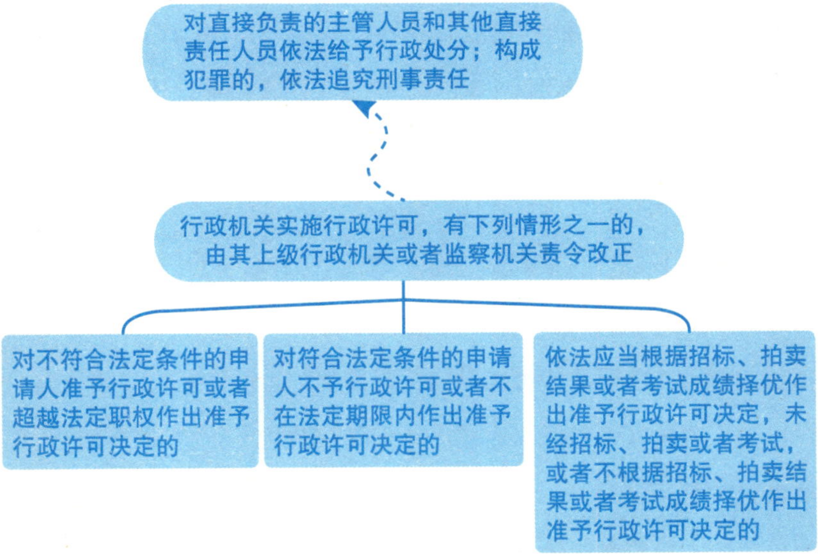
对直接负责的主管人员和其他直接责任人员依法给予行政处分；构成犯罪的，依法追究刑事责任
行政机关实施行政许可，有下列情形之一的，由其上级行政机关或者监察机关责令改正
对不符合法定条件的申请人准予行政许可或者超越法定职权作出准予行政许可决定的
对符合法定条件的申请人不予行政许可或者不在法定期限内作出准予行政许可决定的
依法应当根据招标、拍卖结果或者考试成绩择优作出准予行政许可决定，未经招标、拍卖或者考试，或者不根据招标、拍卖结果或者考试成绩择优作出准予行政许可决定的

18. 可以设立行政许可的事项有哪些?

◆ 案例分析

有一家新开的餐厅，经市卫生部门检查，卫生不达标。卫生部门要求餐厅停业整顿，卫生通过检查达标后方可正常营业。但是，该餐厅对卫生部门作出的处理不予理会，照常营业。卫生部门申请法院强制执行。那么，该市卫生部门的强制执行申请是否属于行政许可的范畴呢?

依据《行政许可法》第二条的规定，行政许可是指行政机关根据公民、法人或者其他组织的申请，经依法审查，准予其从事特定活动的行为。从行政许可的概念可以看出，行政许可的申请人是公民、法人或者其他组织，而被申请人是行政机关，也即行政许可的实施机关是行政机关。本案中，该市卫生部门申请强制执行的行为，申请人是行政机关，被申请人是司法机关，即人民法院，不符合行政许可的构成要件。因此，卫生部门的强制执行申请不属于申请行政许可的范畴，法院作出的强制执行决定也不是行政许可行为，而是一种司法行为。

◆ 法律条文

《中华人民共和国行政许可法》

第二条 本法所称行政许可，是指行政机关根据公民、法人或者其他组织的申请，经依法审查，准予其从事特定活动的行为。

第十二条　下列事项可以设定行政许可：

（一）直接涉及国家安全、公共安全、经济宏观调控、生态环境保护以及直接关系人身健康、生命财产安全等特定活动，需要按照法定条件予以批准的事项；

（二）有限自然资源开发利用、公共资源配置以及直接关系公共利益的特定行业的市场准入等，需要赋予特定权利的事项；

（三）提供公众服务并且直接关系公共利益的职业、行业，需要确定具备特殊信誉、特殊条件或者特殊技能等资格、资质的事项；

（四）直接关系公共安全、人身健康、生命财产安全的重要设备、设施、产品、物品，需要按照技术标准、技术规范，通过检验、检测、检疫等方式进行审定的事项；

（五）企业或者其他组织的设立等，需要确定主体资格的事项；

（六）法律、行政法规规定可以设定行政许可的其他事项。

深度解析

行政许可包括三个基本特征：一是依行政相对人申请的行政行为，二是经行政机关依法审查的行政行为，三是一种授益性行政行为。它的基本性质是对特定活动进行事前控制的一种管理手段，而非事后监管。

19. 行政机关可以撤销行政许可吗?

◆ 案例分析

张某参加考试并取得了医师资格证书。后经省卫健委查明，张某在报名时提供的是虚假的报名材料，并且贿赂了相关工作人员。于是省卫健委向张某送达了行政许可撤销告知书，后省卫健委撤销了张某的医师资格证书。张某不服。那么，已经取得的医师资格证书可以撤销吗？省卫健委有权撤销张某的医师资格证书吗？

行政许可是指行政主体根据公民、法人或者其他组织的申请，经依法审查，准予其从事特定活动的行为。本案中，张某取得医师资格证书，就是获得了从医的行政许可。但是根据《行政许可法》第六十九条的规定，被许可人以欺骗、贿赂等不正当手段取得行政许可的，应当予以撤销。张某是通过“提供虚假材料，对相关人员进行贿赂”的方式获得的许可，张某的行为触犯了《行政许可法》的禁止性规定，应该予以撤销。根据《医师资格考试暂行办法》第三十三条的规定，授予医师资格证书的机关是省级卫生行政部门，因此，省级卫生行政部门及其上级行政机关都有权撤销该行政许可。本案中，省卫健委有权撤销张某的医师资格证书。

◆ 法律条文

《中华人民共和国行政许可法》

第六十九条第二款　被许可人以欺骗、贿赂等不正当手段取得行政许可的，应当予以撤销。

《医师资格考试暂行办法》

第三十三条第一款　考试成绩合格的，授予执业医师资格或执业助理医师资格，由省级卫生行政部门颁发卫生部统一印制的《医师资格证书》。

深度解析

行政机关对公众的行为应当具有稳定性和可预测性，不得变化无常。表现在行政许可上，就是行政机关一旦作出行政许可的决定，就不能随意更改或者撤销。但被许可人以欺骗、贿赂等不正当手段取得行政许可的，不属于行政机关予以保护的范围，应当予以撤销，情节严重的，还要承担法律责任。

20. 撤回行政许可造成的损失由谁来承担？

◆ 案例分析

2017 年 5 月，范某想要在本市建一所大型游乐场，于是向当地市场监督管理部门提交了所需的材料。该部门经过严格审查，批准了范某的申请，给范某办理了营业执照。一切手续办完后，范某开始建设经营游乐场。由于该市属于山城，而游乐场的建设过程中砍伐了很多树木，导致在汛期时发生了多次山体滑坡和泥石流，给山下的居民带来了生命危险。所以在 2019 年，当地政府决定在游乐场以及周边重新建设预防设施。政府的这一政策导致市场监督管理部门收回了游乐场的经营许可证。由此给范某带来了很大的损失。那么，行政许可被撤回，给被许可人造成的损失由谁来承担？

被许可人的行为是得到许可的，是合法的行为，是受法律保护的。根据《行政许可法》第八条的规定，公民、法人或者其他组织依法取得的行政许可受法律保护，行政许可所依据的法律、法规、规章修改或者废止，或者准予行政许可所依据的客观情况发生重大变化的，出于公共利益的需要，行政机关可以依法变更或者撤回已经生效的行政许可。由此给公民、法人或者其他组织造成财产损失的，行政机关应当依法给予补偿。由此可见，行政许可被撤回，被许可人的权益也应当得到维护，即获得相应的补偿。其实，这涉及的是“信赖利益”问题。所谓信赖利益的保护，是指公民、法人或其他组织在通过合法途径取得行政许可之后，基于被许可人对政府行为的信赖，行政机关不得随意改变该许可；如果由于特殊情况需要撤回许可，给公民、法人或者其他组织造成财产损失的，行政机关应当依法给予补偿。本案中，范某的行政许可被撤销是由于当地的政策法规的变更导致的，所以给范某带来的损失应由行政机关给予相应补偿。

◆ 法律条文

《中华人民共和国行政许可法》

第八条　公民、法人或者其他组织依法取得的行政许可受法律保护，行政机关不得擅自改变已经生效的行政许可。

行政许可所依据的法律、法规、规章修改或者废止，或者准予行政许可所依据的客观情况发生重大变化的，为了公共利益的需要，行政机关可以依法变更或者撤回已经生效的行政许可。由此给公民、法人或者其他组织造成财产损失的，行政机关应当依法给予补偿。

深度解析

行政补偿即行政机关的合法行政行为给公民、法人或者其他组织的合法权益造成损失所给予的补偿。行政机关撤回或者变更行政许可，给予补偿的前提条件有两个：一是对公民、法人或者其他组织的财产造成了损失，这种损失是客观存在的、确定的，而不是想象的或者是或然的，且这种损失只包括财产损失；二是财产损失与撤回或者变更行政许可有直接的、必然的联系，存在因果关系。关于补偿的原则，有合理补偿、适当补偿、充分补偿以及相应补偿等。

21. 办理行政许可的工作人员能收费吗?

◆ 案例分析

张先生想要在本市商业中心开一家养生会所，主要提供绿色纯天然养生素食。2019 年 8 月，张先生提交了办理相关证件的所有材料。但令张先生没有想到的是，在其准备领取卫生许可证时，被工作人员告知，根据规定，申请人在交纳 300 元领取厨房消毒用品和 50 元相关证件费用后，方能领取证照。无奈之下，张先生只好先交了钱，领取了许可证。工作人员仅以未加盖任何公章的普通手写收据作为收费凭证，这引起了张先生的强烈质疑。那么，该工作人员的收费行为合法吗?

案例中，工作人员的收费行为是违法的。为防止行政许可过程中乱收费行为的发生，《行政许可法》中以专门章节进行了规定，该法第五十八条规定，除法律行政法规另有规定，实施行政许可不得收费。第二十七条禁止向申请人提出购买指定商品、接受有偿服务等不正当要求的行为。行政机关工作人员在索取或收受他人财物达到一定数额时，可依该法第七十三条之规定追究其行政责任或刑事责任。案例中，卫生部门工作人员指定张先生购买厨房消毒用品、交纳相关证件费的行为系不正当要求，张先生可拒绝交纳购置商品的费用以及证件费，并由相关主管部门依法追究该工作人员的法律责任。

◆ 法律条文

《中华人民共和国行政许可法》

第二十七条 行政机关实施行政许可，不得向申请人提出购买指定商品、接受有偿服务等不正当要求。

行政机关工作人员办理行政许可，不得索取或者收受申请人的财物，不得谋取其他利益。

第五十八条 行政机关实施行政许可和对行政许可事项进行监督检查，不得收取任何费用。但是，法律、行政法规另有规定的，依照其规定。

行政机关提供行政许可申请书格式文本，不得收费。

行政机关实施行政许可所需经费应当列入本行政机关的预算，由本级财政予以保障，按照批准的预算予以核拨。

第七十三条 行政机关工作人员办理行政许可、实施监督检查，索取或者收受他人财物或者谋取其他利益，构成犯罪的，依法追究刑事责任；尚不构成犯罪的，依法给予行政处分。

深度解析

行政机关实施行政许可是行使公权力的表现，行政执法人员要公正地执行法律、法规，使行政许可能够起到配置资源、防止危险的作用。实施行政许可时，不能掺杂部门利益或者个人利益。行政收费是指一定的行政机关凭借国家行政权所确立的地位，为个人和组织提供一定的公益服务，或授予其国家资源和资金的使用权而收取的费用。行政机关实施行政许可收取费用，必须有法律、行政法规作为依据。行政机关实施行政许可所需经费，由财政保障，不与收费挂钩。

22. 行政许可工作人员分批告知申请人申请材料要补足，致使当事人多次办理的，合法吗？

◆ 案例分析

小丽大学毕业后，想要自主创业开一家蛋糕房。小丽向市场监督管理部门申请营业执照，按照行政许可部门公布的申请材料公告进行了逐项准备。随后，小丽带着所有材料去市场监督管理局提交申请，被工作人员告知缺少蛋糕房工作人员的证明。五日后小丽拿着证明去了市场监督管理部门，又被告知缺少店铺租赁合同，要求其补齐材料。小丽认为工作人员的行为与法律规定不符。那么，工作人员分批告知补充材料的做法违法吗？

行政工作人员违反了《行政许可法》的有关规定。本案涉及办理营业执照的问题。餐饮业属于《行政许可法》第十二条规定的可以设定行政许可的行业。要从事餐饮业，由于材料种类较多，经常发生漏交、错交现象，对此，《行政许可法》第三十二条第一款明确规定了，“申请材料不齐全或者不符合法定形式的，应当当场或者在五日内一次告知申请人需要补正的全部内容”。据此，案例中的工作人员分批告知的行为是不符合《行政许可法》要求的。

◆ 法律条文

《中华人民共和国行政许可法》

第十二条 下列事项可以设定行政许可：

……

（五）企业或者其他组织的设立等，需要确定主体资格的事项；

……

第三十二条 行政机关对申请人提出的行政许可申请，应当根据下列情况分别作出处理：

……

（四）申请材料不齐全或者不符合法定形式的，应当当场或者在五日内一次告知申请人需要补正的全部内容，逾期不告知的，自收到申请材料之日起即为受理；

……

行政机关受理或者不予受理行政许可申请，应当出具加盖本行政机关专用印章和注明日期的书面凭证。

深度解析

《行政许可法》对告知作出了较为严格的规定，即申请人的申请材料存在多处不符合法定形式的情况的，行政机关应当将需要补正的全部内容一次告知申请人，不能反复要求申请人补正，以避免浪费申请人的精力和时间。补正告知如果未能一次完成，行政机关即构成程序上的瑕疵。

23. 不予行政许可的，行政机关需要说明理由吗？

◆ 案例分析

2008 年张某在家乡办了一家豆制品加工厂。2018 年 12 月，张某跟随丈夫到另一座城市定居，想要重新开一家豆制品加工厂，因此向当地市场监督管理局申请营业执照。该市市场监督管理局的工作人员受理申请后，迟迟不作决定。张某多次去问，工作人员总是说研究研究再说。到 2019 年 6 月，张某被该市市场监督管理局电话告知不予批准其营业执照的决定，但并没有向其说明不予许可的理由。后张某向法院提起行政诉讼。本案中，张某有权要求行政机关说明不授予其行政许可的理由吗？

说明理由制度是行政许可中的一项重要制度。依据《行政许可法》第三十八条的规定，对于公民、法人或者其他组织的行政许可申请，行政机关无论是否许可，都应该以书面的形式作出。行政机关不予许可的，应该向申请人说明不予许可的理由。本案中，针对张某的申请，行政机关应该以书面形式作出决定，并且告知张某不予许可的理由是什么，而不能以“研究研究”为借口来搪塞，也不能以打电话的方式通知。本案中市场监督管理局的行为已经违反了说明理由制度，是对申请人知情权的侵犯，张某可以向法院提起行政诉讼。

◆ 法律条文

《中华人民共和国行政许可法》

第三十八条　申请人的申请符合法定条件、标准的，行政机关应当依法作出准予行政许可的书面决定。

行政机关依法作出不予行政许可的书面决定的，应当说明理由，并告知申请人享有依法申请行政复议或者提起行政诉讼的权利。

深度解析

行政机关作出不予行政许可决定，应当说明理由，这是行政机关的义务，相应地，也是申请人享有的权利。说明理由作为行政程序的一项制度，具有以下重要功能：一是说服功能，二是自律功能，三是保护功能，四是证明功能，五是引导功能。说明理由的内容应包括事实方面的、法律方面的以及自由裁量是否符合法定目的。说明理由应当以明文方式作出，叙述时应当简洁、清楚。

24. 公民有权要求举行听证会吗?

◆ 案例分析

王某准备在某市的城郊建一座铁厂，专门负责炼铁，向市里有关行政机关提出了行政许可的申请。当地居民知道后，有一部分人认为王某铁厂的建立能够解决家中闲置劳动力的问题，同意建铁厂。还有一部分人认为铁厂对空气、土地的污染太大，会影响居民生活，不同意建厂，要求行政机关就王某的行政许可举办听证会。但是，行政机关没有理会居民的申请，直接批准了王某的许可申请。那么，当地居民有权就该事项要求听证吗?

根据《行政许可法》第四十七条的规定，行政许可直接涉及申请人与他人之间重大利益关系的，行政机关在许可前，应当告知申请人、利害关系人享有要求听证的权利。本案中，王某申请行政许可的事项是建一座铁厂，这一许可事项将涉及其他居民的重大利益，因此行政机关应该告知当地居民有要求听证的权利。然而本案中的行政机关不但没有将许可事项对当地居民予以告知，并告知他们可以要求听证，甚至对居民要求听证的呼声采取回避的态度。行政机关的行为已经严重违反了法定程序。

◆ 法律条文

《中华人民共和国行政许可法》

第四十七条 行政许可直接涉及申请人与他人之间重大利益关

系的，行政机关在作出行政许可决定前，应当告知申请人、利害关系人享有要求听证的权利；申请人、利害关系人在被告知听证权利之日起五日内提出听证申请的，行政机关应当在二十日内组织听证。

申请人、利害关系人不承担行政机关组织听证的费用。

深度解析

行政许可直接涉及申请人与他人之间重大利益关系的，申请人和利害关系人有要求听证的权利。如果行政机关认定行政许可直接涉及申请人与他人之间重大利益关系，行政机关在作出行政许可决定前，必须告知申请人、利害关系人有要求听证的权利。申请人、利害关系人有权要求举行听证，同时也有权放弃听证。

25. 听证会的举行应当遵循什么法定程序?

◆ 案例分析

李某申请建一座工厂，在行政许可过程中，工厂选址周边居民申请举办听证会。行政机关认为该听证无关紧要，不必把听证会搞得过于正式，因此，在举行听证会的前两天才通知申请人参加。结束听证后，一名听证会的工作人员进行了口头汇报，行政机关据此作出了行政许可的决定。该行政机关举行的听证合法吗?

《行政许可法》第四十八条规定，行政机关应当于举行听证的七日前将举行听证的时间、地点通知申请人、利害关系人，必要时予以公告。本案中，行政机关只在举行听证的前两天通知申请人参加，不符合法律规定。该法还规定，听证应当制作笔录，听证笔录应当交听证参加人确认无误后签字或者盖章。行政机关应当根据听证笔录，作出行政许可决定。本案中，在听证后，行政机关并没有根据听证笔录，而是根据参加听证的一名工作人员的口头汇报作出了行政许可的决定，违反《行政许可法》的规定。

◆ 法律条文

《中华人民共和国行政许可法》

第四十八条 听证按照下列程序进行:

(一) 行政机关应当于举行听证的七日前将举行听证的时间、

地点通知申请人、利害关系人，必要时予以公告；

（二）听证应当公开举行；

（三）行政机关应当指定审查该行政许可申请的工作人员以外的人员为听证主持人，申请人、利害关系人认为主持人与该行政许可事项有直接利害关系的，有权申请回避；

（四）举行听证时，审查该行政许可申请的工作人员应当提供审查意见的证据、理由，申请人、利害关系人可以提出证据，并进行申辩和质证；

（五）听证应当制作笔录，听证笔录应当交听证参加人确认无误后签字或者盖章。

行政机关应当根据听证笔录，作出行政许可决定。

深度解析

听证涉及当事人的重要权利，当事人有权充分了解听证涉及的事项，只有这样才能进行必要的准备。因此，在合理的时间提前得到通知是当事人的权利，也是程序公平的要求。通知一般采用书面的方式进行，必要时，可以公告。在听证程序中，行政机关应当对听证过程进行书面记录，制作成听证笔录。行政机关应当根据听证笔录，作出是否准予行政许可的决定。

26. 实施行政许可必须举行听证会吗？

◆ 案例分析

2017 年 7 月，小强毕业于某大学土木建筑学专业，到某家装公司实习，积累了一定的工作经验和技巧。2020 年 4 月，小强准备开办一家装修公司。于是，小强向当地市场监督管理部门提出了办理营业执照的申请，并按照要求准备了所有申请需要的材料。之后，市场监督管理部门接受了小强的申请，对其材料进行了审查。其间，市场监督管理部门告诉小强要举行听证会。小强认为自己申请的营业执照是不需要听证的。那么，小强申请营业执照，也要进行听证吗？

《行政许可法》第三十六条、第四十六条规定，对举行听证的情形有明确的规定，行政机关对行政许可申请进行审查时，发现行政许可事项直接关系他人重大利益的，申请人、利害关系人可进行申辩，行政机关应听取其意见；对于涉及法律、法规、规章规定实施或者公共利益的事项，应向社会公告，并举行听证。据此可知，只有在法律、法规或者规章规定，或者行政机关认为需要举行听证的涉及公共利益的重大行政许可事项时，行政机关才应该举行听证。本案中，小强申请营业执照不在法定情形之列，所以不必举行听证。

◆ 法律条文

《中华人民共和国行政许可法》

第三十六条　行政机关对行政许可申请进行审查时，发现行政许可事项直接关系他人重大利益的，应当告知该利害关系人。申请人、利害关系人有权进行陈述和申辩。行政机关应当听取申请人、利害关系人的意见。

第四十六条　法律、法规、规章规定实施行政许可应当听证的事项，或者行政机关认为需要听证的其他涉及公共利益的重大行政许可事项，行政机关应当向社会公告，并举行听证。

深度解析

听取申请人、利害关系人的陈述和申辩，听证程序都是行政机关听取当事人意见的程序，都是程序公正原则的体现。如果行政机关认为行政许可事项对公共利益可能产生较大的影响，行政机关就应当将有关的行政许可事项予以公告，使社会对此予以关注，听取社会各界包括有关专家的意见。行政机关经过对申请人的利益与公共利益进行考量后，认为准予许可不会对公共利益造成损害的，应当作出准予许可的决定；反之，则应拒绝颁发许可。但对于不必听证的事项，则不应浪费人力、物力举行听证。

27. 行政机关作出行政许可决定的时间有限制吗?

◆ 案例分析

2019 年 6 月 15 日，张某向市卫健委申请注册中医医师执业资格，该卫健委当即受理了张某的申请，但是两个月过去了，张某并没有收到卫健委的任何通知。就这样一直等到了 2020 年年初，张某还是没有收到注册资格证书，工作的事情也被耽误了。那么，卫健委的行为符合法律关于许可期限的规定吗?

行政机关授予行政许可，应该在法定期限内作出。《行政许可法》第四十二条规定了行政许可的具体期限，同时规定如果法律法规对行政许可的期限另有规定的，依照其规定。本案涉及的是医师执业证书的许可申请问题，关于这一许可期限，《执业医师法》第十三条有明确的规定，市卫健委应该按照《执业医师法》的规定，在受理之日起 30 日内作出决定。本案中市卫健委超出了 30 日的许可期限，其行政不作为严重违反了法律规定。即使张某的申请不符合授予条件，卫健委也应该在法定期间内作出不予许可的决定。

◆ 法律条文

《中华人民共和国行政许可法》

第四十二条 除可以当场作出行政许可决定的外，行政机关应当自受理行政许可申请之日起二十日内作出行政许可决定。二十日内不能作出决定的，经本行政机关负责人批准，可以延长十日，并应当将延长期限的理由告知申请人。但是，法律、法规另有规定的，依照其规定。

……

《中华人民共和国执业医师法》

第十三条　国家实行医师执业注册制度。

取得医师资格的，可以向所在地县级以上人民政府卫生行政部门申请注册。

除有本法第十五条规定的情形外，受理申请的卫生行政部门应当自收到申请之日起三十日内准予注册，并发给由国务院卫生行政部门统一印制的医师执业证书。

医疗、预防、保健机构可以为本机构中的医师集体办理注册手续。

深度解析

在行政许可程序中规定期限，具有重要意义。首先，设定期限是提高行政效率的基本途径之一。检验行政程序的基本标准，一是公正性，二是及时性。如果没有期限的约束，及时性就难以做到。其次，设定期限是行政程序的基本手段，行政程序不仅包括行政机关或相对人一方的活动，在需要共同行为的活动中，期限是对活动进行统一的手段。最后，设定期限有利于行政程序的各方主体预知自己的行为及其后果。

28. 行政机关如何处理公民隐瞒事实骗取行政许可的行为?

◆ 案例分析

张某打算开一家粮油店，经过一番考察，张某看中了一间店面，在与房主协商租赁费用的时候，张某觉得房主出价太高，打算考虑几天。在这几天中，张某想先把经营许可证办了，如果顺利办好就马上租房。张某到市场监督管理部门咨询时得知，申请经营许可证需要店铺的场地证明文件（房产证或者土地证复印件），租赁合同原件和复印件。于是，张某隐瞒了没有店铺的事实，伪造了店铺的场地证明文件和租赁合同。之后，张某在隐瞒事实的情况下给了办事员李某一些好处，李某利用职务之便，为张某办理了营业执照。不久，市场监督管理部门进行核查时发现张某骗取了营业执照。对此，行政机关会如何处理呢?

被许可人在向行政机关提出行政许可申请时，应向行政机关提供真实可靠的材料，同时，行政机关的工作人员在工作中应廉洁奉公，不得接受他人贿赂。根据《行政许可法》第六十九条的规定，行政机关工作人员滥用职权、玩忽职守作出准予行政许可决定的，可以撤销行政许可。被许可人以欺骗、贿赂等不正当手段取得行政许可的，应当予以撤销。本案中，张某在向市场监督管理部门提供的材料中，有关店铺的场地证明文件、租赁合同原件和复印件都是伪造的，没有提供真实的材料，隐瞒了事实。李某收受张某的好处，利用职务之便为张某办理了营业执照，也是违法行为。所以，该营业执照应予以撤销。

◆ 法律条文

《中华人民共和国行政许可法》

第六十九条　有下列情形之一的，作出行政许可决定的行政机关或者其上级行政机关，根据利害关系人的请求或者依据职权，可以撤销行政许可：

（一）行政机关工作人员滥用职权、玩忽职守作出准予行政许可决定的；

（二）超越法定职权作出准予行政许可决定的；

（三）违反法定程序作出准予行政许可决定的；

（四）对不具备申请资格或者不符合法定条件的申请人准予行政许可的；

（五）依法可以撤销行政许可的其他情形。

被许可人以欺骗、贿赂等不正当手段取得行政许可的，应当予以撤销。

依照前两款的规定撤销行政许可，可能对公共利益造成重大损害的，不予撤销。

依照本条第一款的规定撤销行政许可，被许可人的合法权益受到损害的，行政机关应当依法给予赔偿。依照本条第二款的规定撤销行政许可的，被许可人基于行政许可取得的利益不受保护。

深度解析

所谓撤销行政许可即取消行政许可，是指由行政机关撤销有瑕疵的行政许可。这些行政许可在实施过程中就存在违法因素。被许可人以欺骗、贿赂等不正当手段取得行政许可的，其获得的利益不是基于对行政机关的信任而来的，相反，它是对行政机关怀有主观恶意，这种对行政机关的主观恶意不属于法律保护的范围，应予以撤销。

第三章
行政处罚法律知识

- 行政处罚的种类
  - 警告、通报批评
  - 罚款、没收违法所得、没收非法财物
  - 暂扣许可证件、降低资质等级、吊销许可证件
  - 限制开展生产经营活动、责令停产停业、责令关闭、限制从业
  - 行政拘留
  - 法律、行政法规规定的其他行政处罚

- 受委托实施行政处罚的组织必须符合的条件
  - 依法成立并具有管理公共事务职能
  - 有熟悉有关法律、法规、规章和业务并取得行政执法资格的工作人员
  - 需要进行技术检查或者技术鉴定的，应当有条件组织进行相应的技术检查或者技术鉴定

- 从轻或者减轻行政处罚的情形
  - 主动消除或者减轻违法行为危害后果的
  - 受他人胁迫或者诱骗实施违法行为的
  - 主动供述行政机关尚未掌握的违法行为的
  - 配合行政机关查处违法行为有立功表现的
  - 法律、法规、规章规定其他应当从轻或者减轻行政处罚的

有下列情形之一，在行政机关负责人作出行政处罚的决定之前，应当由从事行政处罚决定法制审核的人员进行法制审核；未经法制审核或者审核未通过的，不得作出决定

- 涉及重大公共利益的
- 直接关系当事人或者第三人重大权益，经过听证程序的
- 案件情况疑难复杂、涉及多个法律关系的
- 法律、法规规定应当进行法制审核的其他情形

行政机关负责人作出行政处罚决定

- 确有应受行政处罚的违法行为的，根据情节轻重及具体情况，作出行政处罚决定
- 违法行为轻微，依法可以不予行政处罚的，不予行政处罚
- 违法事实不能成立的，不予行政处罚
- 违法行为涉嫌犯罪的，移送司法机关

行政机关中初次从事行政处罚决定法制审核的人员，应当通过国家统一法律职业资格考试取得法律职业资格

对情节复杂或者重大违法行为给予行政处罚，行政机关负责人应当集体讨论决定

行政处罚决定书

- 行政处罚决定书内容
  - 当事人的姓名或者名称、地址
  - 违反法律、法规、规章的事实和证据
  - 行政处罚的种类和依据
  - 行政处罚的履行方式和期限
  - 申请行政复议、提起行政诉讼的途径和期限
  - 作出行政处罚决定的行政机关名称和作出决定的日期
- 必须盖有作出行政处罚决定的行政机关的印章

- 当事人逾期不履行行政处罚决定的，行政机关可以采取的措施
  - 到期不缴纳罚款的，每日按罚款数额的百分之三加处罚款，加处罚款的数额不得超出罚款的数额
  - 根据法律规定，将查封、扣押的财物拍卖、依法处理或者将冻结的存款、汇款划拨抵缴罚款
  - 根据法律规定，采取其他行政强制执行方式
  - 依照《中华人民共和国行政强制法》的规定申请人民法院强制执行
    - 行政机关批准延期、分期缴纳罚款的，申请人民法院强制执行的期限，自暂缓或者分期缴纳罚款期限结束之日起计算

- 当场作出行政处罚决定
  - 执法人员可以当场收缴罚款的情形
    - 依法给予一百元以下的罚款的
    - 不当场收缴事后难以执行的

- 行政机关不当实施行政处罚，主管或责任人可能受到行政处分
  - 执法人员未取得执法证件的
  - 擅自改变行政处罚种类、幅度的
  - 没有法定的行政处罚依据的
  - 违反法定的行政处罚程序的
  - 违反委托处罚的规定的
  - 行政机关对符合立案标准的案件不及时立案的

29. 因“一家有病”，行政机关责令“多家吃药”的做法合法吗？

◆ 案例分析

某市接群众举报，一家肉制品店用猪肉冒充羊肉售卖。该市市场监督管理局经查验发现举报属实，遂对该肉制品店予以停业整顿的行政处罚。该市市场监督管理局为了保证食品市场的规范，严惩不法商贩，要求全市售卖肉制品的商户停业一周进行整顿，引起了很多商户的不满。那么，这种“一家有病，多家吃药”的做法是否合法呢？

“停业一周进行整顿”是行政处罚的一种，责令停产、停业是行政主体对从事生产经营者所实施的违法行为而给予的行政处罚措施。它直接剥夺生产经营者进行生产经营活动的权利，只适用于违法行为严重的行政相对方。《行政处罚法》第三十八条规定：“行政处罚没有依据或者实施主体不具有行政主体资格的，行政处罚无效。违反法定程序构成重大且明显违法的，行政处罚无效。”公民、法人或者其他组织受到行政处罚时，必须有行政违法的前提，如果对非违法单位或是个人作出行政处罚决定，则该行政处罚是无效的。本案中，该市市场监督管理局不分违法与否，一律停业整顿，实际上是“一家有病，多家吃药”，其决定侵害了同类企业的合法权益，其他售卖肉制品的商户可以提出质疑，要求不予执行。

◆ 法律条文

《中华人民共和国行政处罚法》

第三十八条 行政处罚没有依据或者实施主体不具有行政主体资格的，行政处罚无效。

违反法定程序构成重大且明显违法的，行政处罚无效。

深度解析

实施行政处罚必须有法定依据，无法定依据不得处罚。行政处罚行为必须符合法定程序，行政处罚的设定和实施必须符合法律、行政法规、地方性法规和行政规章的规定。没有法定依据的行政处罚无效。

30. 行政机关可以采取的行政处罚措施具体有哪几种?

◆ 案例分析

某市食药监局接到群众举报，位于市中心的“长安医药”存在售卖劣质药品、过期药品等问题。食药监局执法人员王某、李某及其他同事一同赶往市中心核实调查。经初步检查发现，该药店确实存在售卖劣质药品、过期药品等问题，违反了国家的有关规定。那么，执法人员可以对该药店采取哪种行政处罚呢?

市食药监局作为行政执法部门，在执法过程中发现公民、法人或者其他组织存在违反行政管理秩序的行为，应当依法给予行政处罚。本案中，市食药监局执法检查时发现“长安医药”有违法行为，应视情节轻重对其进行行政处罚。《行政处罚法》第九条规定：“行政处罚的种类：（一）警告、通报批评；（二）罚款、没收违法所得、没收非法财物；（三）暂扣许可证件、降低资质等级、吊销许可证件；（四）限制开展生产经营活动、责令停产停业、责令关闭、限制从业；（五）行政拘留；（六）法律、行政法规规定的其他行政处罚。”针对前两种处罚，行政主体对公民处以 200 元以下、对法人或者其他组织处以 3000 元以下罚款或者警告的行政处罚，如果违法事实确凿并且有法定依据的，执法部门可以当场作出行政处罚决定。而其他行政处罚需要经过调查取证等一般程序后再依法作出处罚决定。

◆ 法律条文

《中华人民共和国行政处罚法》

第九条 行政处罚的种类：

（一）警告、通报批评；

（二）罚款、没收违法所得、没收非法财物；

（三）暂扣许可证件、降低资质等级、吊销许可证件；

（四）限制开展生产经营活动、责令停产停业、责令关闭、限制从业；

（五）行政拘留；

（六）法律、行政法规规定的其他行政处罚。

第五十一条 违法事实确凿并有法定依据，对公民处以二百元以下、对法人或者其他组织处以三千元以下罚款或者警告的行政处罚的，可以当场作出行政处罚决定。法律另有规定的，从其规定。

深度解析

《行政处罚法》按照行政相对人违法程度的不同，从轻到重规定了六种具体处罚，每种处罚措施都有其适用的范围和特点。行政处罚的种类是法定的。法律可以设定各种行政处罚。行政法规可以设定除限制人身自由以外的行政处罚。地方性法规可以设定除限制人身自由、吊销营业执照以外的行政处罚。地方政府规章可以在法律、法规规定的给予行政处罚的行为、种类和幅度的范围内作出具体规定。除法律、法规、规章外，其他规范性文件不得设定行政处罚。

31. 城管执法人员有权实施行政拘留吗？

◆ 案例分析

某县第一小学附近有很多胡乱摆放的小摊位，不仅影响了学校周边的环境卫生，还严重阻碍了交通。县城管局决定在年底前对学校前乱摆摊位的情况进行整顿，以迎接新年的到来。整顿过后，环境大有改观。城管人员再次检查时发现唐某不听劝告，仍旧来学校摆摊，遂对其处以 200 元罚款和 5 日行政拘留，唐某不服。请问，城管人员有权这样做吗？

乱摆摊位一直是城市环境整治的重点内容之一，城管执法人员在行政执法过程中，发现乱摆摊位的违法行为，视情节轻重，经过调查取证后对当事人进行警告或罚款等行政处罚本是无可厚非的。但是，城管执法人员没有限制人身自由的行政处罚权，因而没有权力对唐某进行行政拘留。若双方发生肢体冲突，情节较为严重时，应申请公安机关介入调查，需要对唐某进行行政拘留的，由该县公安机关来行使行政拘留权。针对执法人员越权行使行政拘留权的这种行为，唐某可以向市城管局或县人民政府申请行政复议，也可以直接向县人民法院提起行政诉讼，并有权向城管执法人员提出赔偿要求。

◆ 法律条文

《中华人民共和国行政处罚法》

第十八条　国家在城市管理、市场监管、生态环境、文化市场、交通运输、应急管理、农业等领域推行建立综合行政执法制度，相对集中行政处罚权。

国务院或者省、自治区、直辖市人民政府可以决定一个行政机关行使有关行政机关的行政处罚权。

限制人身自由的行政处罚权只能由公安机关和法律规定的其他机关行使。

深度解析

行政处罚涉及公民切身利益，必须予以严格规范，处罚越重则规范越严格。在我国，限制人身自由的行政处罚权只能由公安机关和法律规定的其他机关行使，这是保护公民人身权利所必需的。

32. 对未成年人可以实施行政处罚吗？

◆ 案例分析

小刚今年 15 周岁，在读初中三年级。由于父亲早逝，母亲靠打零工维持母子俩的生活。马上要上高中的小刚为了帮母亲减轻负担，积攒上高中的学费，用攒下的零花钱购进了一批小食品，放学后在学校门口售卖。一日，城管执法人员例行检查，发现包括小刚在内的一些商贩违规占道，遂对包括小刚在内的商贩均处以 100 元的罚款，小刚觉得很委屈。那么，城管执法人员可以对小刚进行行政处罚吗？

城市中存在不少违章占道经营商品的流动商贩，不仅容易造成交通堵塞，同时使周边的环境卫生变得很差。对于占道经营的商贩，城管部门执法人员应对其进行说服教育，讲明利害关系，若商户还是拒不履行的，执法人员可对其作出暂扣经营工具或强制收缴商品的处罚，情节严重的应当给予罚款或其他行政处罚。而本案中的行政相对人小刚，刚满 15 周岁，属于未成年人，根据《行政处罚法》第三十条的规定，已满 14 周岁不满 18 周岁的未成年人有违法行为的，应当从轻或者减轻行政处罚。所以小刚属于行政执法中的特殊群体，城管局行政执法人员在执法过程中应重点对其进行说服教育，作出行政处罚决定时也应该对其从轻或减轻处理，从而保护未成年人的合法权益。

◆ 法律条文

《中华人民共和国行政处罚法》

第三十条 不满十四周岁的未成年人有违法行为的，不予行政处罚，责令监护人加以管教；已满十四周岁不满十八周岁的未成年人有违法行为的，应当从轻或者减轻行政处罚。

深度解析

按法律规定，14 周岁以下的未成年人属于无行政责任能力时期，不予行政处罚；14 周岁到 18 周岁的未成年人虽具备了一定的识别能力，但不能完全预见自己的行为可能对社会产生的危害结果，属于限制行政责任能力时期，根据惩罚与教育相结合的原则的要求，应从轻或减轻行政处罚。

33. 被行政拘留后又被判刑，之前被行政拘留的时间可以扣除吗?

◆ 案例分析

陈某因酒后驾车被公安机关行政拘留 10 日，后经调查发现陈某实为醉酒驾车，涉嫌危险驾驶罪。法院经过开庭审理，依法判处陈某拘役三个月。请问，陈某之前被行政拘留的时间应在刑期中予以扣除吗?

行政拘留，又称为治安拘留，是指公安机关依法对违反行政法律规范（特别是治安管理法律规范）的行为人，在短期内限制其人身自由的一种处罚。剥夺或者限制人身自由是一种很重的处罚，期限应该严格计算。本案中，陈某在被判处拘役前，被行政拘留了 10 日，不能不算。按照《行政处罚法》第三十五条第一款的规定，违法行为构成犯罪，人民法院判处拘役或者有期徒刑时，行政机关已经给予当事人行政拘留的，应当依法折抵相应刑期。也就是说，陈某先前被拘留的期限应按比例算在拘役的刑期里。

◆ 法律条文

《中华人民共和国行政处罚法》

第三十五条　违法行为构成犯罪，人民法院判处拘役或者有期徒刑时，行政机关已经给予当事人行政拘留的，应当依法折抵相应刑期。

违法行为构成犯罪，人民法院判处罚金时，行政机关已经给予当事人罚款的，应当折抵相应罚金；行政机关尚未给予当事人罚款的，不再给予罚款。

《中华人民共和国刑法》

第四十四条 拘役的刑期，从判决执行之日起计算；判决执行以前先行羁押的，羁押一日折抵刑期一日。

深度解析

行政机关受理案件后，如无法判断是否构成犯罪，可先行适用行政处罚。当发现违法行为构成犯罪时，应及时将案件移送司法机关处理，追究当事人的刑事责任。行政拘留的日期应依法折抵判处的拘役或有期徒刑刑期，这是对公民人身自由权的尊重和保障。

34. 对同一违法行为，可以多次处罚吗？

◆ 案例分析

王某是某商店的店主，经常使用高音喇叭招徕顾客，造成噪声，严重影响周围居民的日常生活。接到周围群众的举报，执法人员经过现场勘查、调查取证等程序，责令王某在两天内整改，并处罚款。两天后执法人员再次检查时，发现王某根本没改，执法人员可以再次对王某罚款吗？

执法人员不能就同一件事再对王某罚款。行政处罚是在惩戒违法行为人的同时，教育和训诫违法行为人，使其不再犯。罚款是行政处罚中财产罚的一种形式。为了避免行政处罚权的滥用，《行政处罚法》第二十九条规定了一事不再罚的原则，即对同一个违法行为，不能给予两次以上的罚款处罚。根据该原则，执法人员不能对同一个违法行为进行重复罚款。本案中，执法人员对王某的行为已经罚过款了，就不能再罚了。执法人员可以对王某进行批评教育，力求使王某改正错误。若屡教不改，可采取罚款之外的处罚方式。

◆ 法律条文

《中华人民共和国行政处罚法》

第二十九条　对当事人的同一个违法行为，不得给予两次以上罚款的行政处罚。同一个违法行为违反多个法律规范应当给予罚款处罚的，按照罚款数额高的规定处罚。

深度解析

一事不再罚是行政处罚的重要原则之一。一事不再罚原则是指对违法当事人的同一个违法行为，不得以同一事实和同一理由给予两次以上罚款的行政处罚。同一事实和同一理由是一事不再罚原则的共同要件，二者缺一不可。同一事实是指同一个违法行为，即从其构成要件上，只符合一个违法行为的特征。同一理由是指同一法律依据。坚持一事不再罚原则，应当把握两个要点：第一，同一违法行为已经受到行政处罚，不应根据同一法律依据再受处罚；第二，不同的行政机关不得以同一事实和同一理由，再给予同一违法行为行政处罚。

35. 行政处罚中没收的财产可以折抵刑事处罚中的罚金吗?

◆ 案例分析

某市行政执法人员在对一家屠宰场进行检查时发现，该屠宰场出售的部分生猪肉未经合法检疫，不符合相关规定，遂对其作出了停业整顿和没收违法所得 1 万元的行政处罚。后经深入调查发现，该屠宰场出售的病死猪肉数量非常之大，且已经造成了两人死亡的严重后果，构成了犯罪。经审判，法院作出了罚金 2 万元的判决。那么，行政处罚中没收的财产是否可以折抵刑事处罚中的罚金呢?

行政处罚中没收的财产不可以折抵刑事处罚中的罚金。《行政处罚法》第三十五条第二款规定:“违法行为构成犯罪，人民法院判处罚金时，行政机关已经给予当事人罚款的，应当折抵相应罚金；行政机关尚未给予当事人罚款的，不再给予罚款。”由此可知，行政处罚中的罚款是可以折抵刑事处罚中的罚金的。而没收违法所得，没收的是违法行为所获的财产，罚金的对象是合法财产，二者性质有着本质的区别。所以，没收的违法所得是不可以折抵刑罚中的罚金的。

◆ 法律条文

《中华人民共和国行政处罚法》

第三十五条　违法行为构成犯罪，人民法院判处拘役或者有期徒刑时，行政机关已经给予当事人行政拘留的，应当依法折抵相应刑期。

违法行为构成犯罪，人民法院判处罚金时，行政机关已经给予当事人罚款的，应当折抵相应罚金；行政机关尚未给予当事人罚款的，不再给予罚款。

深度解析

当行政处罚与刑罚发生竞合时，行政拘留与刑罚中的拘役和有期徒刑有同样的性质，均为对当事人人身自由权的剥夺，允许刑罚吸收行政处罚。刑罚中的罚金与行政处罚的罚款也属同一性质，均为对当事人合法财产的剥夺，因此也可以折抵。应注意的是，没收的财产属于违法所得，与罚金有本质的区别，因此不能折抵。

36. 行政机关作出行政处罚后再收集证据的行为是否合法？

◆ 案例分析

2020 年 7 月的一天，某市进入雨季，下起了瓢泼大雨。傍晚，值班交警马某碰到一起轻微交通事故。因为天气恶劣，马某又着急下班，所以没仔细询问查看，便对当事人之一的郭某处以 300 元的罚款。郭某一直坚称自己遵守了交通规则，并无过错，便向上级机关申请复议。于是，公安交通部门又再次查看现场，询问双方当事人，收集证据。交通部门的做法合法吗？

《行政处罚法》第四十条规定："公民、法人或者其他组织违反行政管理秩序的行为，依法应当给予行政处罚的，行政机关必须查明事实；违法事实不清、证据不足的，不得给予行政处罚。"行政机关如果先作出行政处罚决定，再进行调查取证，尤其是补充不利证据，不符合依法行政原则。本案中，发生交通事故后，交警部门并不能提供郭某违反交通规则或者应受处罚的证据，交通部门先处罚后取证的行为严重违反了法定程序。

◆ 法律条文

《中华人民共和国行政处罚法》

第四十条　公民、法人或者其他组织违反行政管理秩序的行为，依法应当给予行政处罚的，行政机关必须查明事实；违法事实不清、证据不足的，不得给予行政处罚。

深度解析

合法性原则是行政法中非常重要的原则，它要求行政机关在作出行政行为时，必须严格按照法律规定的内容、程序，作出的行政处罚决定必须于法有据。在违法事实不清的情况下不得给予行政处罚，事后收集证据更是法律所不允许的。

37. 执法人员作出行政处罚未告知当事人，是否合法？

◆ 案例分析

某市城管部门接到群众马某的投诉，称城管执法部门无故对其处以 50 元的罚款。城管部门随后对该起投诉开展了详细调查。调查发现，城管部门执法人员李某和孙某在对市区建设大街沿路个体摊位情况进行排查时，发现马某在人行横道的一角乱摆摊位，严重影响了居民通行及市容整洁性，遂对其进行了处罚。但是执法人员未进行任何询问，也未履行必要的告知义务，直接开了罚单，导致马某不了解其所受处罚的基本缘由。那么，该行政处罚合法吗？

《行政处罚法》第四十四条规定："行政机关在作出行政处罚决定之前，应当告知当事人拟作出的行政处罚内容及事实、理由、依据，并告知当事人依法享有的陈述、申辩、要求听证等权利。"根据这一规定，行政机关及其执法人员应当履行告知义务的法定事项包括：（1）当事人有无行政违法行为；（2）当事人应否承担行政处罚的法律责任；（3）当事人应承担何种行政处罚的法律责任；（4）当事人应承担何种行政处罚幅度内的法律责任；（5）行政处罚决定的法律依据；（6）当事人依法享有的权利，如陈述权、申辩权、听证权、救济权等。合法的行政行为，需符合法定程序，本案中的执法人员作出处罚时并没有履行相关的告知义务，是不合法的行政处罚行为。

◆ 法律条文

《中华人民共和国行政处罚法》

第四十四条 行政机关在作出行政处罚决定之前，应当告知当事人拟作出的行政处罚内容及事实、理由、依据，并告知当事人依法享有的陈述、申辩、要求听证等权利。

深度解析

告知程序是行政处罚的必经程序。“告知”，对当事人来说，是法定的权利；对行政机关来说，是法定的义务。行政机关履行告知义务，必须是在作出行政处罚决定之前，这是保障当事人享有的告知权利的需要。如果没有履行告知义务或事后告知，都是违反法律规定的。

38. 当事人为自家亲戚时，行政执法人员应该回避吗？

◆ 案例分析

秦某驾车回家，在通过一个十字路口时与左转弯的王某驾驶车辆相撞。两人争执不下，遂报警处理。警察张某来到现场后发现，事主王某是妻子的亲表叔，顿觉尴尬。王某见是自己人，便一个劲儿声称自己并无过错，完全是对方的责任。秦某非常气愤，在看出二人有亲戚关系后，表示要求张某回避，换一名警察来处理。这种情况下，张某应该回避吗？

行政执法人员在执法过程中必须遵循公正、公开的原则，在执法过程中发现与当事人有利害关系或亲属关系的，执法人员应主动提出回避申请，以免影响依法、公平、公正执法。本案中，张某执行案件调查时发现当事人之一为自家亲戚，为了不影响本案办理程序的正常进行，张某应向交警队负责人主动提出回避，并向秦某做好解释工作。其他执法人员（保证两人或两人以上）应依法做好事故责任认定工作。

◆ 法律条文

《中华人民共和国行政处罚法》

第四十三条　执法人员与案件有直接利害关系或者有其他关系可能影响公正执法的，应当回避。

当事人认为执法人员与案件有直接利害关系或者有其他关系可能影响公正执法的，有权申请回避。

当事人提出回避申请的，行政机关应当依法审查，由行政机关负责人决定。决定作出之前，不停止调查。

《中华人民共和国治安管理处罚法》

第八十一条 人民警察在办理治安案件过程中，遇有下列情形之一的，应当回避；违反治安管理行为人、被侵害人或者其法定代理人也有权要求他们回避：

（一）是本案当事人或者当事人的近亲属的；

（二）本人或者其近亲属与本案有利害关系的；

（三）与本案当事人有其他关系，可能影响案件公正处理的。

人民警察的回避，由其所属的公安机关决定；公安机关负责人的回避，由上一级公安机关决定。

深度解析

调查程序中执法人员应遵守回避制度。法律规定的回避事由大都是执法人员有可能影响公正执法的情况，存在法律规定的回避事由时，执法人员应当回避。当事人认为执法人员有回避理由时，也可以向行政机关提出要求执法人员回避的请求，由该执法人员所在的行政机关的负责人决定是否回避。

39. 收取罚款以“白条”代替收据合法吗?

◆ 案例分析

某市一家农药公司的货车途经某县时，该县农业局执法大队查明，该公司没有相关证件，并且部分农药不合格。于是，该县农业局将部分物资没收，并处 1 万元罚款。农业局当场收取了 6000 元的罚款，但是没有出示任何正式的收据，只是将写有“待结案时换正式票据”字样的一张纸交给了货车司机。执法人员这样的行为合法吗?

农业局执法人员罚款打白条的行为是违法的。通常情况下，行政处罚机关应当与收缴罚款的机关分离，但是，依据《行政处罚法》第七十条的规定，也会有当场收缴罚款的情况，行政执法人员必须出具国务院财政部门或者省、自治区、直辖市人民政府财政部门统一制发的专用票据，否则，当事人有权拒绝缴纳罚款。统一的收据是具有权限的执法人员依法执法的凭证，没有收据，就难以证明执法的合法性。因此，执法人员在收缴罚款时出具统一的收据是必要的。本案中，该农业局的执法人员当场收缴了 6000 元，本身就是违法的，而且没有出具统一的收据，只是随便写了张纸条，实际上等于打白条。该农药公司的运输司机可以拒绝缴纳罚款。

◆ 法律条文

《中华人民共和国行政处罚法》

第七十条 行政机关及其执法人员当场收缴罚款的，必须向当事人出具国务院财政部门或者省、自治区、直辖市人民政府财政部门统一制发的专用票据；不出具财政部门统一制发的专用票据的，当事人有权拒绝缴纳罚款。

深度解析

罚款是对违反法律、法规，不履行法定义务的当事人的一种经济上的处罚。由于罚款既不影响被处罚人的人身自由及其合法的活动，又能起到对违法行为的惩戒作用，因此成为行政处罚中应用最广泛的一种。为了保证执法的公平、公正，罚款时应出具专用票据。而且，行政机关及其执法人员当场收缴罚款后出具的专用票据，必须是省、自治区、直辖市财政部门统一制发的；否则，当事人有权拒绝缴纳罚款。

40. 当事人对行政处罚进行申辩，能加重处罚吗？

◆ 案例分析

王某驾驶一辆装载瓷砖的货车送货至某县城区，在将货车驶进人行道卸货时，不小心压轧了路面上的井盖，县城管行政执法支队执法人员赶赴现场，进行协调处理。经调查，王某运载货物重量超过道路负载，县城管行政执法人员依法决定对王某罚款3000元，同时向王某送达了行政处罚告知书和行政处罚决定书。王某想以道路上没有限重标志进行申辩，但是又害怕因此而加重处罚，一时不知所措。请问，王某的担心有必要吗？当事人对行政处罚进行申辩，能加重处罚吗？

当事人对行政机关作出的行政处罚不服，有根据实际情况提出陈述、申辩的权利。行政机关必须充分听取当事人的意见，并对当事人提出的事实、理由和证据进行复核，如果当事人提出的事实、理由或者证据成立的，行政机关应当采纳。而且，行政机关不得因当事人的申辩而加重对当事人的行政处罚。

本案中，王某因超载行车造成对道路公共设施的损坏，县城管行政执法人员到场进行调查取证，履行了行政机关作出行政处罚的一般程序，但县城管行政执法人员并未告知王某其依法享有的陈述、申辩权利，而直接对王某作出罚款3000元的行政处罚行为欠妥，所以王某有权向县城管行政执法人员提出申辩，执法人员应听取王某的申辩意见，并依法对王某的陈述进行复核，根据实际情况告知王某是否采纳其意见，同时作出行政处罚决定，但新作出的行政处罚决定不能因王某的申辩而加重惩罚力度。

◆ 法律条文

《中华人民共和国行政处罚法》

第四十五条 当事人有权进行陈述和申辩。行政机关必须充分听取当事人的意见，对当事人提出的事实、理由和证据，应当进行复核；当事人提出的事实、理由或者证据成立的，行政机关应当采纳。

行政机关不得因当事人陈述、申辩而给予更重的处罚。

深度解析

行政机关实施行政处罚的过程中，无论是适用简易程序，还是适用一般程序，当事人都享有陈述权和申辩权。从当事人的角度讲，陈述和申辩是当事人所享有的重要法定权利，当事人有权为自己的行为作出陈述、说明、解释和辩解；从行政机关的角度讲，听取当事人的陈述和申辩，是其必须履行的法定义务。

41. 受委托实施行政处罚的机关，可以再委托其他人进行处罚吗？

◆ 案例分析

某市农业局委托该市畜牧兽医总站检查该市养鸡场兽药经营情况，联查时发现李某经营的养鸡场没有办理该经营许可证。市畜牧兽医总站随后调查了部分养殖户，审查情况属实后决定以市农业局的名义给予李某行政处罚，并于次月向李某送达了行政处罚决定书，对其给予三项行政处罚：一是立即停止经营；二是没收所查扣的兽药；三是罚款 5000 元。同时委托该县农业局对李某经营的养鸡场执行处罚决定。请问，市畜牧兽医总站有委托县一级农业局对李某养鸡场进行行政处罚的权力吗？

理论上，行政管理权应该由行政机关掌握和行使，但实践中，在法律法规规定的范围内，行政机关可以在其法定的权限内进行委托，受委托的组织必须符合行政处罚法规定的条件：（1）依法成立的并具有管理公共事务职能的事业组织；（2）具有熟悉有关法律、法规、规章和业务并取得行政执法资格的工作人员；（3）对违法行为需要进行技术检查或者技术鉴定的，应当有条件组织进行相应的技术检查或者技术鉴定。而且，受委托组织不得再委托其他人或组织。

本案中，市畜牧兽医总站受市农业局委托检查兽药经营情况，发现李某经营的养鸡场没有办理经营许可证，在委托权限内可以以市农业局名义对李某经营的养鸡场作出行政处罚决定，该行政处罚决定是有效的，但市畜牧兽医总站不能将行政处罚权再委托给县农业局。

◆ 法律条文

《中华人民共和国行政处罚法》

第二十条 行政机关依照法律、法规、规章的规定，可以在其法定权限内书面委托符合本法第二十一条规定条件的组织实施行政处罚。行政机关不得委托其他组织或者个人实施行政处罚。

委托书应当载明委托的具体事项、权限、期限等内容。委托行政机关和受委托组织应当将委托书向社会公布。

委托行政机关对受委托组织实施行政处罚的行为应当负责监督，并对该行为的后果承担法律责任。

受委托组织在委托范围内，以委托行政机关名义实施行政处罚；不得再委托其他组织或者个人实施行政处罚。

深度解析

受委托实施行政处罚的行政机关或组织是对实施行政处罚主体的补充。但是为了防止乱处罚的情况出现，必须要对行政处罚的委托加以限制。尤其要注意，受委托的组织本身并不具有行政处罚权，它行使的行政处罚权是有权的行政机关赋予的，它不具有委托权，因此不能再行委托。

第四章
治安管理处罚法律知识

- 治安管理处罚的种类
  - 警告
  - 罚款
  - 行政拘留
  - 吊销公安机关发放的许可证

对违反治安管理的外国人，可以附加适用限期出境或者驱逐出境

- 违反治安管理给予行政处罚的情形
  - 减轻处罚或者不予处罚的情形
    - 情节特别轻微的
    - 主动消除或者减轻违法后果，并取得被侵害人谅解的
    - 出于他人胁迫或者诱骗的
    - 主动投案，向公安机关如实陈述自己的违法行为的
    - 有立功表现的
  - 从重处罚的情形
    - 有较严重后果的
    - 教唆、胁迫、诱骗他人违反治安管理的
    - 对报案人、控告人、举报人、证人打击报复的
    - 六个月内曾受过治安管理处罚的

- 违反治安管理，不执行行政拘留处罚的情形
  - 已满十四周岁不满十六周岁的
  - 已满十六周岁不满十八周岁，初次违反治安管理的
  - 七十周岁以上的
  - 怀孕或者哺乳自己不满一周岁婴儿的

- 治安案件调查结束后，公安机关根据情况分别作出处理
  - 确有依法应当给予治安管理处罚的违法行为的，根据情节轻重及具体情况，作出处罚决定
  - 依法不予处罚的，或者违法事实不能成立的，作出不予处罚决定
  - 违法行为已涉嫌犯罪的，移送主管机关依法追究刑事责任
  - 发现违反治安管理行为人有其他违法行为的，在对违反治安管理行为作出处罚决定的同时，通知有关行政主管部门处理

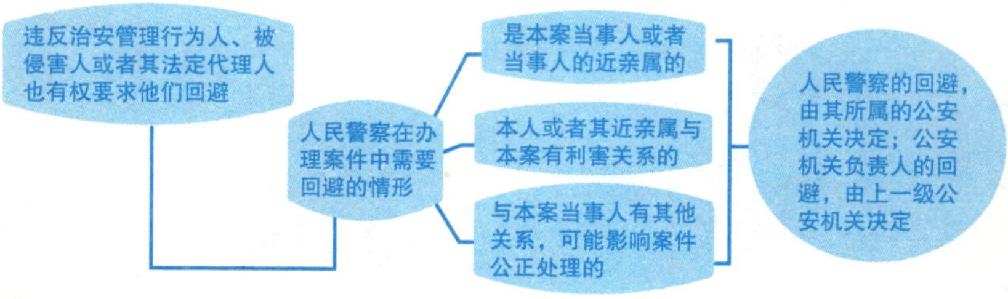
违反治安管理行为人、被侵害人或者其法定代理人也有权要求他们回避
人民警察在办理案件中需要回避的情形
是本案当事人或者当事人的近亲属的
本人或者其近亲属与本案有利害关系的
与本案当事人有其他关系，可能影响案件公正处理的
人民警察的回避，由其所属的公安机关决定；公安机关负责人的回避，由上一级公安机关决定

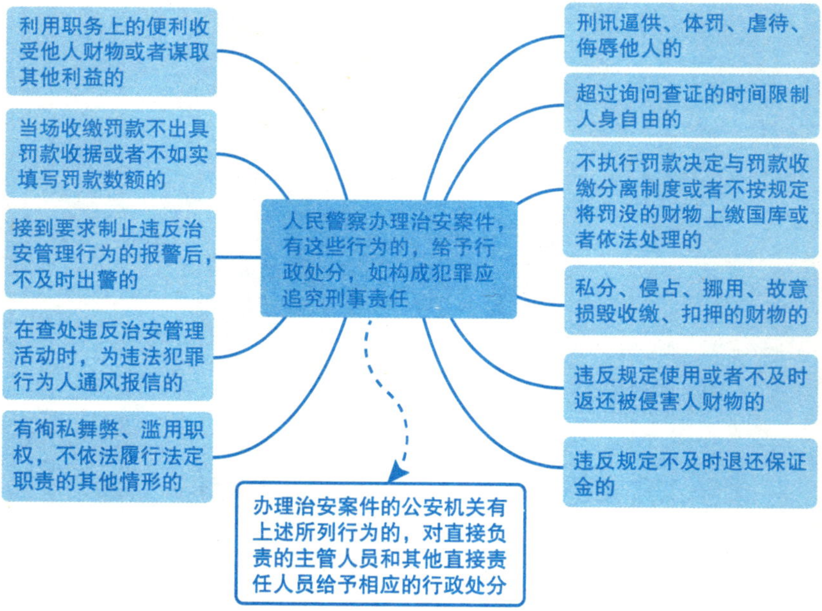
人民警察办理治安案件，有这些行为的，给予行政处分，如构成犯罪应追究刑事责任
利用职务上的便利收受他人财物或者谋取其他利益的
当场收缴罚款不出具罚款收据或者不如实填写罚款数额的
接到要求制止违反治安管理行为的报警后，不及时出警的
在查处违反治安管理活动时，为违法犯罪行为人通风报信的
有徇私舞弊、滥用职权，不依法履行法定职责的其他情形的
刑讯逼供、体罚、虐待、侮辱他人的
超过询问查证的时间限制人身自由的
不执行罚款决定与罚款收缴分离制度或者不按规定将罚没的财物上缴国库或者依法处理的
私分、侵占、挪用、故意损毁收缴、扣押的财物的
违反规定使用或者不及时返还被侵害人财物的
违反规定不及时退还保证金的
办理治安案件的公安机关有上述所列行为的，对直接负责的主管人员和其他直接责任人员给予相应的行政处分

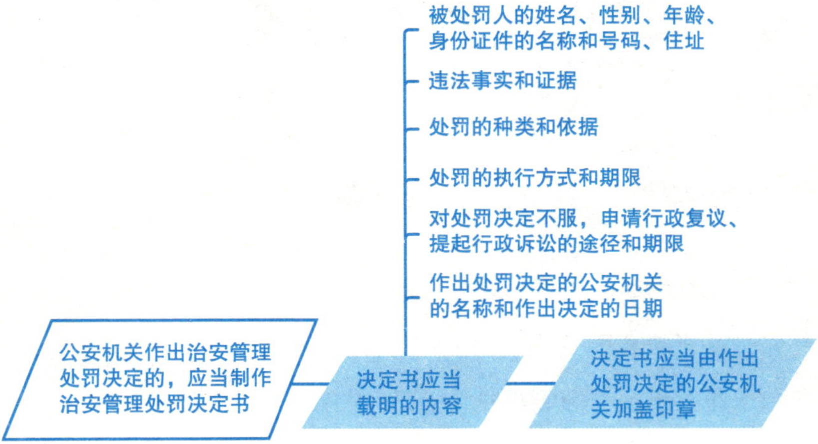
被处罚人的姓名、性别、年龄、身份证件的名称和号码、住址
违法事实和证据
处罚的种类和依据
处罚的执行方式和期限
对处罚决定不服，申请行政复议、提起行政诉讼的途径和期限
作出处罚决定的公安机关的名称和作出决定的日期
公安机关作出治安管理处罚决定的，应当制作治安管理处罚决定书
决定书应当载明的内容
决定书应当由作出处罚决定的公安机关加盖印章

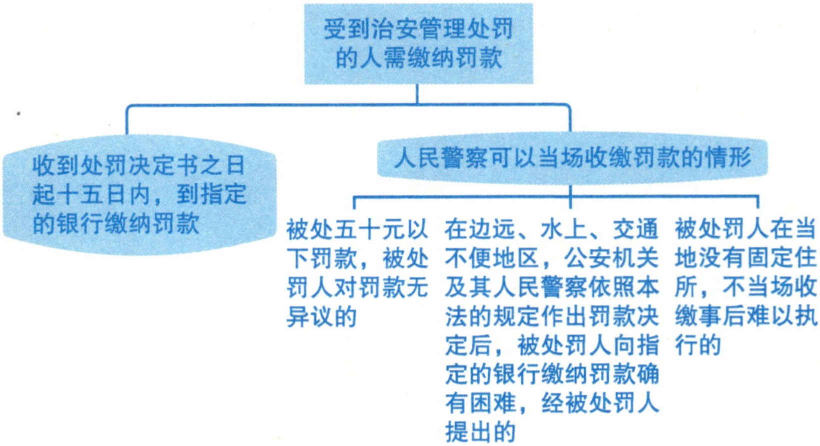
受到治安管理处罚的人需缴纳罚款
收到处罚决定书之日起十五日内，到指定的银行缴纳罚款
人民警察可以当场收缴罚款的情形
被处五十元以下罚款，被处罚人对罚款无异议的
在边远、水上、交通不便地区，公安机关及其人民警察依照本法的规定作出罚款决定后，被处罚人向指定的银行缴纳罚款确有困难，经被处罚人提出的
被处罚人在当地没有固定住所，不当场收缴事后难以执行的

42. 对出租房屋没有登记承租者身份证的行为应该怎么处罚?

◆ 案例分析

孙某在老家山东有一处房屋无人居住，便想向外出租。经人介绍，孙某将这套房屋租给了外来打工人员朱某，在订立合同时，孙某要求朱某出示身份证并进行登记，朱某以身份证丢失为理由没有出示，孙某因为有急事要处理，就没再坚持。后朱某因与他人合伙行窃被抓，在调查过程中，公安机关了解到朱某并没有有效的身份证件，并且孙某在将房屋租赁给朱某时也没有进行身份登记，据此，公安机关对孙某罚款400元以示警告，孙某不服。那么，出租房屋时没有登记承租人的身份证这种行为应该受到处罚吗?

《治安管理处罚法》第五十七条对房屋出租人的治安责任进行了规定。所谓房屋出租人的治安责任，是指公民在将房屋进行出租的时候，要对承租人的身份进行登记，否则要受到相应的行政处罚。法律之所以如此规定，是为了防止承租人利用承租房屋进行违法犯罪活动，对承租人进行身份登记有助于治安管理。本案中，出租人孙某在将房屋出租给朱某的时候没有对朱某进行身份登记，违反了法律规定。因此公安机关对其罚款是符合法律规定的。

◆ 法律条文

《中华人民共和国治安管理处罚法》

第五十七条　房屋出租人将房屋出租给无身份证件的人居住的，或者不按规定登记承租人姓名、身份证件种类和号码的，处二百元以上五百元以下罚款。

房屋出租人明知承租人利用出租房屋进行犯罪活动，不向公安机关报告的，处二百元以上五百元以下罚款；情节严重的，处五日以下拘留，可以并处五百元以下罚款。

深度解析

将承租人的姓名、身份证件种类和号码进行登记，是确认房屋承租人身份的一个重要途径，也是房屋出租人的义务。要求房屋出租人对房屋承租人的身份证件进行登记是出租房屋管理工作的一项基本任务。加强对出租房屋的管理，及时全面掌握出租房屋有关情况，严密防范和依法打击不法分子利用出租房屋进行各类违法犯罪活动，对保护公民合法权益，维护社会治安秩序，促进房屋租赁业健康发展，具有十分重要的意义。

43. 公安机关可以吊销违法商贩的营业执照吗？

◆ 案例分析

孙某是一家小吃店的老板，因为近来生意不好做，就利用自己的店面介绍并容留妇女卖淫，后被公安机关查获。经过调查后，公安机关对孙某处以拘留 15 日、罚款 3000 元并吊销该小吃店营业执照的处罚。孙某不服，他认为公安机关没有权力吊销自己的营业执照。那么，公安机关到底有没有权力吊销违法商贩的营业执照呢？

本案中，公安机关无权吊销小吃店的营业执照。根据《治安管理处罚法》第六十七条的规定，引诱、容留、介绍他人卖淫的，处 10 日以上 15 日以下行政拘留，可并处 5000 元以下罚款。据此，本案中公安机关针对孙某介绍、容留妇女卖淫而作出的前两项处罚是没有问题的。但对于吊销营业执照的处罚，公安机关只能吊销由公安机关发放的许可证，而营业执照是市场监督管理部门发放的，公安机关无权吊销。所以公安机关吊销小吃店营业执照的行为超越了法定权限，是无效的。

◆ 法律条文

《中华人民共和国治安管理处罚法》

第六十七条 引诱、容留、介绍他人卖淫的，处十日以上十五日以下拘留，可以并处五千元以下罚款；情节较轻的，处五日以下拘留或者五百元以下罚款。

深度解析

根据《治安管理处罚法》第十条的规定，公安机关有权吊销公安机关发放的许可证。而对于其他部门发放的证明，公安机关是没有权力直接予以吊销的。当事人违反行政法规的规定，需要予以吊销相关执照、证明的，由发证机关予以吊销。

44. 接到报案后，公安机关应该在多长时间内受理？

◆ 案例分析

余某和蒋某是一对情侣，在一次外出游玩时，蒋某的手机不慎被盗，于是二人急忙去当地派出所报案，但是执勤人员说自己很忙，让二人明天再来。那么，该执勤民警的做法符合法律的规定吗？

该执勤民警的做法是违法的。《治安管理处罚法》第七十七条规定，公安机关对报案、控告、举报，应当及时受理并进行登记。本案中，对于盗窃案件中受害人余某和蒋某的报案，派出所的执勤民警应当依法立即受理并及时登记，而不能以忙为借口加以推脱。

◆ 法律条文

《中华人民共和国治安管理处罚法》

第七十七条 公安机关对报案、控告、举报或者违反治安管理行为人主动投案，以及其他行政主管部门、司法机关移送的违反治安管理案件，应当及时受理，并进行登记。

第七十八条 公安机关受理报案、控告、举报、投案后，认为属于违反治安管理行为的，应当立即进行调查；认为不属于违反治安管理行为的，应当告知报案人、控告人、举报人、投案人，并说明理由。

深度解析

公安机关受理治安案件，标志着治安案件办理过程的开始，是办案程序的起点。治安案件的主要来源，除了公安机关自己发现的之外，主要是通过报案、控告、举报或者违反治安管理的行为人主动投案，以及其他行政主管部门、司法机关移送违反治安管理案件。对于上述治安案件，公安机关应当及时受理并进行登记，这是公安机关办理治安案件的首要环节，也是公安机关的法定职责。因此，公安机关及其民警不得以任何理由和借口推诿、拒绝或者不作为。否则，依法应承担相应的法律责任。

45. 派出所民警可以对违法人员进行拘留吗？

◆ 案例分析

林某自己开了家美发店，并在此地偷偷卖淫。在一次突袭检查中，当地派出所发现了林某的不正当行为，于是将林某带到派出所进行审讯。最终林某承认了自己的违法行为，而后该派出所对林某执行了拘留15日的处罚。那么，该派出所民警的行为合法吗？派出所民警可以对违法人员进行拘留吗？

派出所民警的行为不合法。派出所是公安机关的派出机构，不是独立的行政主体，除非法律的授权，否则不能以自己的名义对其行为负责。也就是说，派出所作为公安机关的派出机构，其权限要比公安机关小得多。根据《治安管理处罚法》第九十一条的规定，派出所尽管也可以实施行政处罚，但仅限于警告和500元以下的罚款，不能超出这个范围，否则就是越权。其他的行政处罚只能由县级以上的公安机关作出。

本案中，拘留15日的行政处罚显然已经超出了派出所的职权范围，也就是说，派出所没有权力对林某实施拘留15天的行政处罚。

◆ 法律条文

《中华人民共和国治安管理处罚法》

第九十一条　治安管理处罚由县级以上人民政府公安机关决

定；其中警告、五百元以下的罚款可以由公安派出所决定。

深度解析

公安派出所只能以自己的名义作出警告或者500元以下罚款，对依法应当处以500元以上罚款、吊销公安机关发放的许可证、行政拘留以及其他治安管理处罚的，必须由县级以上人民政府公安机关依法决定。这是适应公安机关办理治安案件的实际需要的，按照公安机关职责任务的不同，对公安机关治安管理处罚权进行分配，对于提高办案效率，保护行政管理相对人的合法权益，维护社会治安秩序具有重要意义。

46. 公安机关在扣押公民物品时没有制作扣押清单，合法吗？

◆ 案例分析

2020年3月，某市公安机关接到报案说本市居民王某（男）与林某（女）在王某家中看淫秽光碟。公安机关执法人员立即赶到王某家中，将所有淫秽光碟扣押，并对王某和林某罚款200元，但没有制作相应的扣押清单。王某不服，他认为自己只是在家中和自己的女朋友一起观看，并没有犯法，公安机关不应该扣押属于自己的东西，而且即便扣押也应该对被扣押的物品制作清单。王某的说法对吗？

公安机关对于违反治安管理的行为，可以依法作出行政处罚，公安机关作出行政处罚，应当按照法定的程序进行。本案中，首先，王某和其女友林某只是在王某家中看淫秽光碟，既没有组织众人播放观看，也没有传播，王某和林某的行为并没有触犯《治安管理处罚法》。其次，即使王某和林某的行为违法，公安机关也应该按照法定程序作出行政处罚，但公安机关对淫秽光碟进行扣押时没有制作扣押清单，公安机关的扣押过程存在违法之处。

◆ 法律条文

《中华人民共和国治安管理处罚法》

第八十九条 公安机关办理治安案件，对与案件有关的需要作为证据的物品，可以扣押；对被侵害人或者善意第三人合法占有的财产，不得扣押，应当予以登记。对与案件无关的物品，不得扣押。

对扣押的物品，应当会同在场见证人和被扣押物品持有人查点清楚，当场开列清单一式二份，由调查人员、见证人和持有人签名或者盖章，一份交给持有人，另一份附卷备查。

……

深度解析

扣押清单要写明被扣押物品的名称、编号、规格、数量、质量、特征等，还要写明开列扣押清单的时间。开列扣押物品清单时，对物品的数量要使用大写中文数字，防止被篡改，物品的特征要尽量详细。如果清单尚有空白，一般在空白对角处画一条斜线。另外，实践中还要注意，当场开列的扣押清单不得有涂改，对于必须更正的，必须由调查人员、见证人和持有人共同签名或者盖章，或者重新开列清单。

47. 公安人员可以对违反治安管理的行为人当场作出行政处罚吗?

◆ 案例分析

郭某与赵某是邻居，有一次因为郭某家的墙倒了，砸死了赵某家的猪，赵某和郭某争吵了起来。邻居们怕事态严重便报了警。赶来的公安人员经过现场调查取证后，便当场对两人作出了相应处罚，两人并无异议。那么，公安人员可以对违反治安管理的行为人当场作出行政处罚吗?

公安人员可以当场作出治安管理行政处罚。该案主要涉及治安管理行政处罚中的简易程序问题。依据《治安管理处罚法》第一百条的规定，违反治安管理行为事实清楚，证据确凿，处警告或者200元以下罚款的，可以当场作出治安管理处罚决定。本案中，事件的脉络很清晰，郭某和赵某对违法事实的认定没有异议，争议比较集中，执法人员可以依法适用简易程序，当场处罚。

◆ 法律条文

《中华人民共和国治安管理处罚法》

第一百条 违反治安管理行为事实清楚，证据确凿，处警告或者二百元以下罚款的，可以当场作出治安管理处罚决定。

《中华人民共和国行政处罚法》

第五十一条　违法事实确凿并有法定依据，对公民处以二百元以下、对法人或者其他组织处以三千元以下罚款或者警告的行政处罚的，可以当场作出行政处罚决定。法律另有规定的，从其规定。

深度解析

为了提高办案效率，保证及时处理治安案件，对符合以下条件的案件，可以当场作出治安管理处罚决定：（1）治安案件事实清楚，证据确凿。案情简单，因果关系明确，情节轻微，没有必要进一步调查取证即能认定违反治安管理的行为事实，是适用当场处罚程序的前提。（2）依法对违反治安管理行为的人作出警告或者200元以下罚款处罚的。

需要注意的是，当场作出处罚决定相当于简易程序，对此《行政处罚法》也有规定，但范围有一些不同。在涉及治安管理处罚时，应依照《治安管理处罚法》，其他则依照《行政处罚法》。

48. 行政拘留可以暂缓执行吗?

◆ 案例分析

白某家和陈某家向来不和，一次白某听见陈某正在和别人讲自己的坏话，白某很生气，随即向陈某打去，好在陈某躲闪及时，并没有造成大的伤害。公安机关经过调查后对白某处以拘留 10 日的行政处罚。白某不服，提起行政复议。在行政复议期间，白某的家人请求公安机关暂缓对白某进行拘留，但该公安机关认为白某态度恶劣，总是吵闹，一旦放出可能会造成不好的影响，因此拒绝了白某家人的请求。那么，该公安机关的做法对吗？

根据《治安管理处罚法》第一百零七条的规定，暂缓执行行政拘留要满足以下几个条件：第一，被处罚人对拘留决定不服，并且已经向行政机关申请行政复议，或者向法院提起行政诉讼；第二，被处罚人或者其近亲属向有关机关提出了符合条件的保证人，或缴纳了符合条件的保证金；第三，提出暂缓执行的书面申请；第四，公安机关认为暂缓执行没有社会危险性。本案中，公安机关认为白某态度恶劣，暂缓执行有社会危险性，因此拒绝了被处罚人的申请，公安机关的行为是合法的。

◆ 法律条文

《中华人民共和国治安管理处罚法》

第一百零七条 被处罚人不服行政拘留处罚决定，申请行政复议、提起行政诉讼的，可以向公安机关提出暂缓执行行政拘留的申请。公安机关认为暂缓执行行政拘留不致发生社会危险的，由被处罚人或者其近亲属提出符合本法第一百零八条规定条件的担保人，或者按每日行政拘留二百元的标准交纳保证金，行政拘留的处罚决定暂缓执行。

深度解析

行政拘留暂缓执行，是指被拘留人在申请行政复议、提起行政诉讼期间，向公安机关提出行政拘留暂缓执行的申请，公安机关认为对被拘留人暂缓执行行政拘留不致发生社会危险，在被拘留人或者其近亲属提供了担保人或者交纳保证金后，行政拘留决定可以暂缓执行的法律制度。这是法律设立的旨在更好地保护被拘留人合法权益的一项制度。

49. 只有一名执法人员可以对公民进行询问吗？

◆ 案例分析

李某吸毒被群众举报，县公安机关工作人员小王一个人对李某进行询问，制作了询问笔录。李某对事实没有异议，但对处罚不服，向县政府提出行政复议。那么，本案的询问过程有不合法的地方吗？

根据《行政处罚法》第四十二条的规定，行政机关调查时，应该有两个以上的执法人员在场，而本案中，只有一个执法人员小王。县公安机关的取证行为违反了法律规定，属于程序违法，因此这份询问笔录不能作为证据使用。所以县公安机关根据询问笔录作出行政处罚的行为是违法的。县政府应对该行政处罚予以撤销。

◆ 法律条文

《中华人民共和国行政处罚法》

第四十二条 行政处罚应当由具有行政执法资格的执法人员实施。执法人员不得少于两人，法律另有规定的除外。

执法人员应当文明执法，尊重和保护当事人合法权益。

第五十五条 执法人员在调查或者进行检查时，应当主动向当事人或者有关人员出示执法证件。当事人或者有关人员有权要求执法人员出示执法证件。执法人员不出示执法证件的，当事人或者有关人员有权拒绝接受调查或者检查。

当事人或者有关人员应当如实回答询问，并协助调查或者检查，不得拒绝或者阻挠。询问或者检查应当制作笔录。

深度解析

调查程序中，执法人员、当事人或者有关人员应当履行相应的义务。在行使调查或者检查的职权时，必须有两名以上执法人员在场，并且，执法人员应当主动向当事人或者有关人员出示表明其执法身份的证件；当事人或者有关人员有权要求执法人员出示执法证件。执法人员不出示执法证件的，当事人或者有关人员有权拒绝接受调查或者检查。在进行询问或者检查时，执法人员还应当依法制作笔录。在执法人员进行调查工作时，当事人或者有关人员应当予以配合和协助，如实回答，不得虚假陈述，不得阻挠执法人员的调查工作，不得销毁或者转移有关证据。

第五章
保密法律知识

被确定为国家秘密的事项

- 国家事务重大决策中的秘密事项
- 国防建设和武装力量活动中的秘密事项
- 外交和外事活动中的秘密事项以及对外承担保密义务的秘密事项
- 国民经济和社会发展中的秘密事项
- 科学技术中的秘密事项
- 维护国家安全活动和追查刑事犯罪中的秘密事项
- 经国家保密行政管理部门确定的其他秘密事项

政党的秘密事项中符合上述规定的

保密期限

- 绝密级不超过三十年
- 机密级不超过二十年
- 秘密级不超过十年

机关、单位应当根据工作需要，确定具体的保密期限、解密时间或者解密条件

法律禁止的行为

- 非法复制、记录、存储国家秘密
- 在互联网及其他公共信息网络或者未采取保密措施的有线和无线通信中传递国家秘密
- 在私人交往和通信中涉及国家秘密

国家秘密的密级

- **绝密**：绝密级国家秘密是最重要的国家秘密，泄露会使国家安全和利益遭受特别严重的损害
- **机密**：机密级国家秘密是重要的国家秘密，泄露会使国家安全和利益遭受严重的损害
- **秘密**：秘密级国家秘密是一般的国家秘密，泄露会使国家安全和利益遭受损害

违反《中华人民共和国保守国家秘密法》的，应依法给予处分，构成犯罪的，依法追究刑事责任

- 在互联网及其他公共信息网络或者未采取保密措施的有线和无线通信中传递国家秘密的
- 将涉密计算机、涉密存储设备接入互联网及其他公共信息网络的
- 在未采取防护措施的情况下，在涉密信息系统与互联网及其他公共信息网络之间进行信息交换的
- 使用非涉密计算机、非涉密存储设备存储、处理国家秘密信息的
- 擅自卸载、修改涉密信息系统的安全技术程序、管理程序的
- 将未经安全技术处理的退出使用的涉密计算机、涉密存储设备赠送、出售、丢弃或者改作其他用途的
- 非法获取、持有国家秘密载体的
- 买卖、转送或者私自销毁国家秘密载体的
- 通过普通邮政、快递等无保密措施的渠道传递国家秘密载体的
- 邮寄、托运国家秘密载体出境，或者未经有关主管部门批准，携带、传递国家秘密载体出境的
- 非法复制、记录、存储国家秘密的
- 在私人交往和通信中涉及国家秘密的

有上述行为尚不构成犯罪，且不适用处分的人员，由保密行政管理部门督促其所在机关、单位予以处理

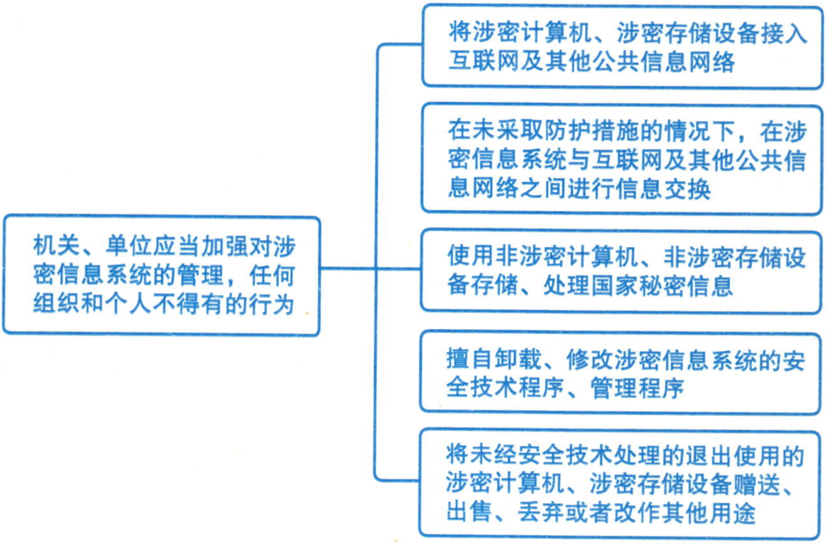
机关、单位应当加强对涉密信息系统的管理，任何组织和个人不得有的行为
将涉密计算机、涉密存储设备接入互联网及其他公共信息网络
在未采取防护措施的情况下，在涉密信息系统与互联网及其他公共信息网络之间进行信息交换
使用非涉密计算机、非涉密存储设备存储、处理国家秘密信息
擅自卸载、修改涉密信息系统的安全技术程序、管理程序
将未经安全技术处理的退出使用的涉密计算机、涉密存储设备赠送、出售、丢弃或者改作其他用途

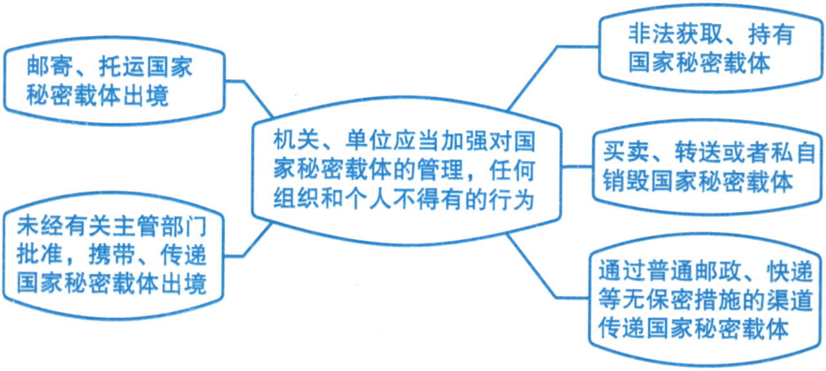
机关、单位应当加强对国家秘密载体的管理，任何组织和个人不得有的行为
邮寄、托运国家秘密载体出境
未经有关主管部门批准，携带、传递国家秘密载体出境
非法获取、持有国家秘密载体
买卖、转送或者私自销毁国家秘密载体
通过普通邮政、快递等无保密措施的渠道传递国家秘密载体

50. 国家秘密有保密期限吗？是多长时间？

◆ 案例分析

2019 年，小张毕业后成功考取了公务员，经过重重考试和审查，最后被安排在省会的国安部门工作。一天，一个白发苍苍的老大爷拿着一份文件找到国安部门，小张接待了这位老大爷。老大爷说这份文件是他从隔壁老王那儿偷来的，是国家秘密，要举报老王。小张跟同事接过文件，按照法律规定的程序仔细审查发现，老大爷拿的这份文件在 20 世纪 80 年代确实属于国家秘密，但早已过了保密期限 10 年，已经公布，如今不再属于国家秘密。且老大爷口中的老王是国安部门的退休干部，当年办理的有关这份文件的手续也合法有效。于是小张将此情况告知老大爷，并感谢他对国家秘密的保护。那么，国家秘密都有保密期限吗？是多长时间呢？

根据《保守国家秘密法》第十五条第二款的规定，国家秘密按照级别不同，保密期限也不同。一般情况下，绝密级不超过 30 年，机密级不超过 20 年，秘密级不超过 10 年；此外还有一些特殊情况需要特殊对待，各机关、单位要根据工作需要，在最长期限内确定具体的保密期限。本案中涉及的文件已经超过了保密期限，且已经公布，因此不存在泄露国家秘密的问题。

◆ 法律条文

《中华人民共和国保守国家秘密法》

第十五条 国家秘密的保密期限，应当根据事项的性质和特点，按照维护国家安全和利益的需要，限定在必要的期限内；不能确定期限的，应当确定解密的条件。

国家秘密的保密期限，除另有规定外，绝密级不超过三十年，机密级不超过二十年，秘密级不超过十年。

机关、单位应当根据工作需要，确定具体的保密期限、解密时间或者解密条件。

机关、单位对在决定和处理有关事项工作过程中确定需要保密的事项，根据工作需要决定公开的，正式公布时即视为解密。

深度解析

不同密级的国家秘密事项有不同的保密期限，即绝密级不超过30年，机密级不超过20年，秘密级不超过10年。机关、单位在确定保密期限时，应当根据具体的工作，在上述时限内确定一个具体的、合理的保密期限。法律“另有规定”的情况，主要指明确规定某类国家秘密事项保密期限为“长期”的情况，这些秘密事项有较强的稳定性，长期关系着国家安全和利益。设定保密期限的方式有三种：（1）具体的保密期限，如10年；（2）确定的解密时间，如2019年7月；（3）具体的解密条件，如某工作完成时。

51. 国家秘密的保密期限将满仍需继续保密的，该如何处理？

◆ 案例分析

黄某和李某共同任职于某国家安全部门下属机构，负责有关国家秘密的审查工作。黄某和李某处理的事项大多属于秘密级，每年重新审查清理时，大都解密。有些秘密已经公开，提前解密，有些秘密则按规定到了保密期限自行解密。在 2019 年的审查工作中，由于一些特殊的原因，有部分秘密虽然保密期限将满，但仍然不能解密，需要继续保密。而对于该如何处理这一问题，黄某和李某有不同的观点。黄某认为，需要继续保密的只要不解密即可，李某则认为还要按程序重新确定保密期限。那么，谁的说法正确？国家秘密的保密期限已过，仍需继续保密的，应该如何处理？

李某的说法正确。根据《保守国家秘密法》第十九条的规定，一般来讲，国家秘密的保密期限已满的，自行解密。但如果保密期限将满，仍需继续保密的，则需要在原保密期限届满前重新确定保密期限，并按照程序由原定密机关、单位或其上级机关决定。

◆ 法律条文

《中华人民共和国保守国家秘密法》

第十九条 国家秘密的保密期限已满的，自行解密。

机关、单位应当定期审核所确定的国家秘密。对在保密期限内因保密事项范围调整不再作为国家秘密事项，或者公开后不会损害国家安全和利益，不需要继续保密的，应当及时解密；对需要延长保密期限的，应当在原保密期限届满前重新确定保密期限。提前解密或者延长保密期限的，由原定密机关、单位决定，也可以由其上级机关决定。

深度解析

解密制度是定密制度中的重要组成部分，解密意味着解除有关保密措施，知悉范围内的机关、单位和人员不再需要履行相关保密义务。具体解密方式有自行解密和审查解密两种，机关、单位应定期审核所确定的国家秘密事项，特别是保密期限即将届满的国家秘密事项。经审核，仍在保密期内但不需要继续保密的，应当及时履行程序予以解密；认为应当继续保密，需要延长保密期限的，应当在原保密期限届满前重新确定保密期限。

52. 可以使用非涉密计算机处理国家秘密信息吗?

◆ 案例分析

林某是一名国家工作人员，在某国安部门任职。林某大学主修的是计算机专业，因此在单位主要负责用计算机、网络等高科技存储、处理有关国家秘密的工作。2019 年 7 月，林某所在的部门工作量突然增大，领导派给林某的工作也比较多。林某争强好胜，急于干出点成绩引起领导重视，工作得非常认真，但还是没能在规定期限前完成工作，于是他便冒险将工作带回家，用自己的电脑处理了部分国家秘密信息，完成了剩下的工作。没想到这件事被有关人员发现，将林某带走问话。那么，林某的做法是否合法？他能使用自己的计算机处理国家秘密信息吗？

林某的做法不合法，他不能使用非涉密计算机处理国家秘密信息。根据《保守国家秘密法》第二十四条的规定，机关、单位应当加强对涉密信息系统的管理，任何组织和个人不得使用非涉密计算机、非涉密存储设备存储、处理国家秘密信息。林某虽为国家工作人员，有权处理相关国家秘密信息，但仍然不能用非涉密计算机、设备存储、处理国家秘密信息。虽然林某主观上并无泄露国家秘密的故意，但他的这种行为客观上可能会对国家安全和利益造成危害，甚至被不法分子利用。因此，林某的行为违反了法律规定，是不合法的。

◆ 法律条文

《中华人民共和国保守国家秘密法》

第二十四条 机关、单位应当加强对涉密信息系统的管理，任何组织和个人不得有下列行为：

（一）将涉密计算机、涉密存储设备接入互联网及其他公共信息网络；

（二）在未采取防护措施的情况下，在涉密信息系统与互联网及其他公共信息网络之间进行信息交换；

（三）使用非涉密计算机、非涉密存储设备存储、处理国家秘密信息；

（四）擅自卸载、修改涉密信息系统的安全技术程序、管理程序；

（五）将未经安全技术处理的退出使用的涉密计算机、涉密存储设备赠送、出售、丢弃或者改作其他用途。

深度解析

针对信息系统和信息设备使用过程中存在的安全保密问题，法律明令禁止五种违反保密管理规定的行为。这一规定对有效防范和遏制信息化条件下的窃密、泄密事件发生具有重要作用。《保守国家秘密法》第二十四条规定的五种情况，均将国家秘密置于一种危险的境地，有泄露的可能和被不法分子利用的机会，危害国家安全和利益，因此，法律明确禁止任何组织和个人有此类行为。另外，在适用该条规定时，应注意对相关概念的准确把握。

53. 可以在私人交往和通信中谈及国家秘密吗?

◆ 案例分析

小陈是今年刚入职的国安部门工作人员，怀着对工作的热情，小陈工作非常努力认真。对于签署的保密协议，小陈也是严格遵守，从不在父母和朋友面前提起自己的工作内容，有一种崇高的使命感。2019 年，小陈的工作涉及一项重大贪腐案件的侦查，小陈有权阅读并熟知文件内容。在一次同学聚会上，小陈的同学们谈论起这两年的反腐行动非常激动，大家各抒己见。小陈也非常想分享自己的经历和感受，但碍于自己工作的性质，又不便多说。小于跟小陈关系很好，向小陈打听最近的贪腐案件，小陈便借着酒劲说了不少从文件上得知的事情，并嘱咐小于不要告诉别人。那么，小陈的做法合法吗?

小陈的做法显然不合法。根据《保守国家秘密法》的相关规定，禁止在私人交往和通信中谈及国家秘密。小陈的工作性质决定了他会接触很多涉及国家秘密的事项，本案中正在侦查的重大贪腐案件便属于国家秘密，一旦泄露，可能会对案件侦查、抓捕嫌疑人、追讨赃款等造成不利影响，危害国家的安全和利益。小陈无论如何都不应将得知的国家秘密告诉他人，因此，小陈的做法是不合法的。

◆ 法律条文

《中华人民共和国保守国家秘密法》

第二十六条　禁止非法复制、记录、存储国家秘密。

禁止在互联网及其他公共信息网络或者未采取保密措施的有线和无线通信中传递国家秘密。

禁止在私人交往和通信中涉及国家秘密。

深度解析

法律对国家秘密信息的管理设定了禁止性规定，在工作中，确需复制、记录、存储国家秘密的，应当事先报经有关部门或主管领导批准，并严格执行保密管理规定。互联网等公共信息网络，因无法保证信息传递的安全，不能用来传递国家秘密。机关、单位及其工作人员传递国家秘密应当使用有相应等级保密措施的有线和无线通信设备。在私人交往和通信中涉及国家秘密，会导致国家秘密知悉范围的扩大，因此也被禁止。

54. 涉密人员上岗，是否需要签订保密承诺书？

◆ 案例分析

法学专业学生周某大学毕业后报考了国安部门某职位。经过艰苦的努力，周某以笔试第一名的成绩进入了面试，后又顺利通过面试、政审等环节，成为一名公务员。由于周某的工作性质涉及国家秘密，因此，在上岗时要经过系统的保密教育培训，确保自身掌握基本的保密知识和技能，以应对工作中的事务，有效防范国家秘密的泄露。周某听同事说，为了保护国家秘密，他们都要签订保密承诺书，周某认为自己既然选择了这份工作，也非常热爱这份工作，是不可能将国家秘密泄露出去的，签不签保密承诺书都无所谓。周某的想法正确吗？涉密人员上岗，是否需要签订保密承诺书？

周某的想法是不正确的。根据《保守国家秘密法》第三十六条的规定，涉密人员上岗应当经过保密教育培训，掌握保密知识技能，签订保密承诺书，严格遵守保密规章制度，不得以任何方式泄露国家秘密。涉密人员的很多工作涉及国家秘密等重要信息，关系着国家的安全和利益，因此涉密人员的上岗比一般国家公务员要多一些特殊环节和要求。保密教育培训和签订保密承诺书，都是为了更好地保证涉密人员工作的安全性，保障国家秘密不被泄露或不被不法分子利用，这与涉密人员的信念无关，是法律规定的程序。因此，周某的想法是错误的，涉密人员上岗必须签订保密承诺书。

◆ 法律条文

《中华人民共和国保守国家秘密法》

第三十六条 涉密人员上岗应当经过保密教育培训，掌握保密知识技能，签订保密承诺书，严格遵守保密规章制度，不得以任何方式泄露国家秘密。

深度解析

在涉密岗位工作，不仅需要很强的政治素质、业务素质，还要具备很强的保密意识和相应的保密专业知识技能。任用涉密人员，必须坚持先培训，后上岗。涉密人员上岗前签订保密承诺书，对于提高涉密人员的保密意识，强化涉密人员的保密责任具有重要意义。保密承诺书的主要内容包括了解并遵守各项保密制度、知悉并履行保密义务、自愿接受保密审查、承担法律责任等。

55. 涉密人员出境是否受限?

◆ 案例分析

老王任职于某省高级人民检察院，一直兢兢业业，办理了很多重大案件。随着国家反腐力度加大，该省高级检察院也响应号召，加大了对反腐工作的侦查力度。老王作为一名老工作者，负责侦查一起重大贪污受贿案。恰在这时，在国外读大学的儿子打来电话，称自己即将毕业，希望父母能去国外参加他的毕业典礼。老王犯了难：一方面工作确实很忙，另一方面又想满足儿子的愿望。几经衡量之下，老王决定试试跟上级请假。检察长理解老王的心情，认为他暂时离开几天并不会耽误工作，但由于老王属于涉密人员，出境应当经有关部门批准，可能需要一些时间。那么，涉密人员出境要受限制吗?

涉密人员出境要受限制。根据《保守国家秘密法》第三十七条的规定，涉密人员出境应当经有关部门批准，有关机关认为涉密人员出境将对国家安全造成危害或者对国家利益造成重大损失的，不得批准出境。本案中，老王任职于省高检，且正在侦查一起重大贪污受贿案，应属于涉密人员，出境要经有关部门批准，否则不能出境。这是涉密人员的工作性质决定的，是涉密人员必须遵守的规范。

◆ 法律条文

《中华人民共和国保守国家秘密法》

第三十七条　涉密人员出境应当经有关部门批准，有关机关认为涉密人员出境将对国家安全造成危害或者对国家利益造成重大损失的，不得批准出境。

深度解析

法律对涉密人员出境规定了审批的程序和要求。加强涉密人员出境管理，既是保障国家秘密安全的需要，也是保护涉密人员自身安全的需要。有关部门审批涉密人员出境要严格掌握，必要时征求公安机关、国家安全机关的意见。

56. 对知悉哪一秘密级别以上的人员应当作出书面记录？

◆ 案例分析

蔡某在某国有军事企业任职，属于涉密人员。早年间蔡某职位较低，接触到的国家秘密仅限秘密级别。后来由于蔡某工作认真，得到了上级领导的信任和重视，被提拔为该企业的高层管理人员。升职后的蔡某由于工作的需要，能接触到一些机密级别甚至绝密级别的国家秘密。那么，对于蔡某这样的涉密人员，需要作出书面记录吗？

对蔡某应当作出书面记录。根据《保守国家秘密法实施条例》第十四条的规定，机关、单位应当按照规定，严格限定国家秘密的知悉范围，对知悉机密级以上国家秘密的人员，应当作出书面记录。蔡某以前职位较低，仅能接触秘密级别的国家秘密，不用作书面记录。升职后的蔡某能知悉机密级以上的国家秘密，按照法律规定，对其应作出书面记录。这是从知悉范围的角度对国家秘密的保护。

◆ 法律条文

《中华人民共和国保守国家秘密法实施条例》

第十四条 机关、单位应当按照保密法的规定，严格限定国家秘密的知悉范围，对知悉机密级以上国家秘密的人员，应当作出书面记录。

深度解析

《保守国家秘密法实施条例》规定了定密的“三要素”，即密级、保密期限和知悉范围。在国家秘密产生的同时，由承办人依据有关保密事项范围拟定密级、保密期限和知悉范围，报定密责任人审核批准，并采取相应保密措施。机关、单位应当按照保密事项范围确定具体的保密期限；没有规定具体保密期限的，可以根据工作需要在保密法规定的保密期限内确定，不能确定保密期限的，应当确定解密条件。国家秘密的知悉范围应严格限定，并对知悉机密级以上国家秘密的人员作出书面记录。

57. 举办会议或者其他活动涉及国家秘密的，主办单位需要做什么工作来保守国家秘密？

◆ 案例分析

某国有军事企业要研制一种新型武器，需要邀请军事界专家来商讨研究和制造新型武器的有关情况。由于该会议涉及国家军事机密，举办单位从开始筹备会议时便从各个方面做了周密的部署，制定好了紧急突发情况的应对措施预案。具体来说，该单位采取了以下保密措施：根据会议的内容确定了密级为机密，并根据具体会议流程制定了保密方案，严格筛选限定参加人员，制作相关人员的参会凭证；确定了符合国家保密规定和标准的会议场所，选择了符合保密规定的设施设备，并按照国家保密规定管理相关国家秘密载体。那么，该单位所做的准备工作符合法律规定吗？是否有不到位的地方？

该单位做的准备工作符合法律规定，只是遗漏了一项：对参加人员提出具体保密要求。根据《保守国家秘密法实施条例》第二十七条的规定，举办会议或者其他活动涉及国家秘密的，主办单位应当采取下列保密措施：（1）根据会议、活动的内容确定密级，制定保密方案，限定参加人员范围；（2）使用符合国家保密规定和标准的场所、设施、设备；（3）按照国家保密规定管理国家秘密载体；（4）对参加人员提出具体保密要求。由此可知，该单位为会议做的准备工作均是严格按照法律规定进行的，只是缺少了最后一项：对参加人员提出具体保密要求。该项规定对于整体会议的保密性非常重要，不可遗漏。

◆ 法律条文

《中华人民共和国保守国家秘密法实施条例》

第二十七条　举办会议或者其他活动涉及国家秘密的，主办单位应当采取下列保密措施：

（一）根据会议、活动的内容确定密级，制定保密方案，限定参加人员范围；

（二）使用符合国家保密规定和标准的场所、设施、设备；

（三）按照国家保密规定管理国家秘密载体；

（四）对参加人员提出具体保密要求。

深度解析

法律对涉密会议活动规定了保密管理制度。涉密会议活动作为国家秘密比较集中的场合，更应该从各方面做好保护措施。会议或活动前应确定密级，制定具体的保密方案，严格限定参加人员；场所的选择以及设施设备也都要符合国家保密规定和标准；对与会人员提出具体保密要求也非常重要。只有提前从各个方面做好周密部署，才能保护国家秘密不被泄露。

58. 机关、单位如果发现国家秘密已经泄露或者可能泄露，应当怎样做？

◆ 案例分析

国家统计局某下属机构负责国家重大事项的统计记录及分析，属于涉密部门，该机构的保密工作一向做得非常到位，一直把保护国家秘密作为全体人员不敢松懈的核心工作。近年来，随着计算机、网络等高科技信息技术的发展，保护国家秘密、保障国家安全和利益面临着巨大的挑战。该机构决定，要全面升级工作设备和保密设施，聘用高科技人才对国家秘密的安全性和防范情况做一次彻底的清理和升级。该决定得到了有关国家部门的大力支持，并为该机构引进了一大批最新设备，聘用了 10 名在计算机、网络领域非常优秀的人才。这次检修和升级工作进行了大约一年，在接近尾声时，编程人员小赵发现了一个重要问题，有部分国家秘密有被非法复制的痕迹，于是赶紧向上级报告。那么，机关、单位在遇到国家秘密已经或者可能泄露的情况下，应该怎么做?

根据《保守国家秘密法实施条例》第三十四条的规定，机关、单位发现国家秘密已经泄露或者可能泄露的，应当立即采取补救措施，并在 24 小时内向同级保密行政管理部门和上级主管部门报告。由此可知，在发现国家秘密可能或者已经泄露时，机关、单位应同时做两件事：一是立即采取补救措施，以防止国家安全和利益的更大损失；二是在24小时内向有关部门报告，以使相关部门尽快知悉并进一步采取补救措施。

◆ 法律条文

《中华人民共和国保守国家秘密法实施条例》

第三十四条　机关、单位发现国家秘密已经泄露或者可能泄露的，应当立即采取补救措施，并在24小时内向同级保密行政管理部门和上级主管部门报告。

地方各级保密行政管理部门接到泄密报告的，应当在24小时内逐级报至国家保密行政管理部门。

深度解析

法律不仅规定了国家秘密的范围及保密制度，还规定了相应的监督管理制度。机关、单位在发现国家秘密已经泄露或有泄露的可能性的时候，应当立即采取补救措施，同时履行报告义务以获得下一步指示。由于涉及国家安全和利益，地方各级保密行政管理部门接到泄密报告的，应在24小时内逐级报至国家保密行政管理部门。国家安全和利益事关重大，因此事后的补救工作与事前的保密工作同样重要，有关机关、单位和个人都应严格遵守。

第六章
纪检监察法律知识

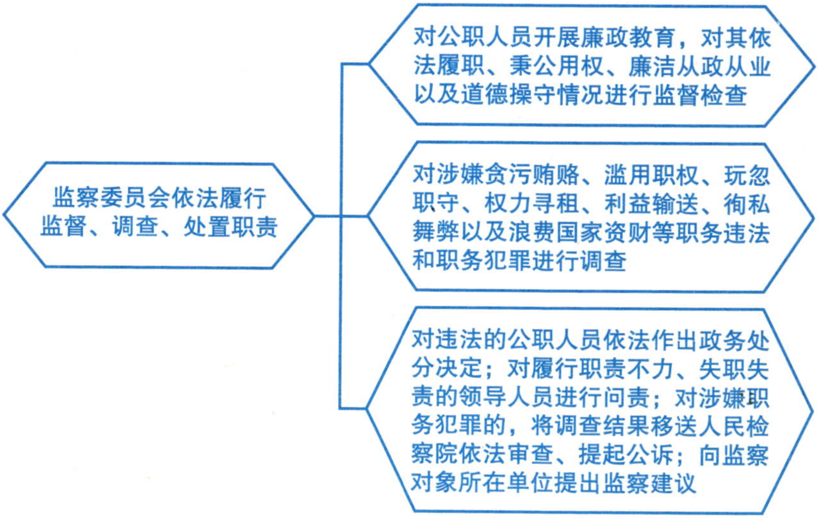
监察委员会依法履行监督、调查、处置职责
对公职人员开展廉政教育，对其依法履职、秉公用权、廉洁从政从业以及道德操守情况进行监督检查
对涉嫌贪污贿赂、滥用职权、玩忽职守、权力寻租、利益输送、徇私舞弊以及浪费国家资财等职务违法和职务犯罪进行调查
对违法的公职人员依法作出政务处分决定；对履行职责不力、失职失责的领导人员进行问责；对涉嫌职务犯罪的，将调查结果移送人民检察院依法审查、提起公诉；向监察对象所在单位提出监察建议

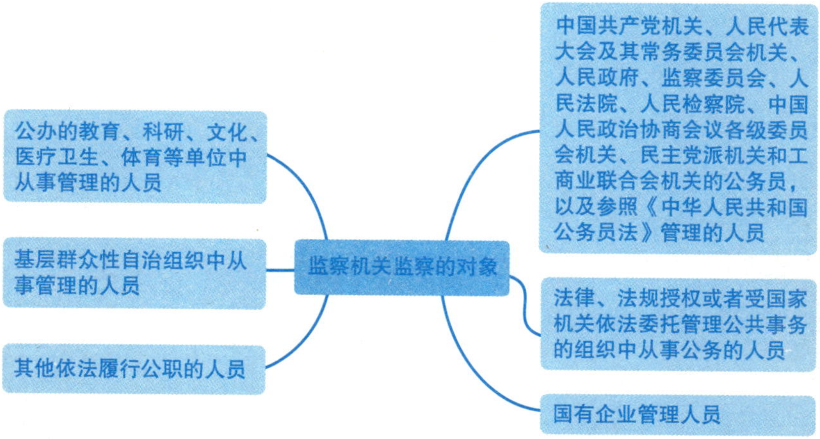
监察机关监察的对象
中国共产党机关、人民代表大会及其常务委员会机关、人民政府、监察委员会、人民法院、人民检察院、中国人民政治协商会议各级委员会机关、民主党派机关和工商业联合会机关的公务员，以及参照《中华人民共和国公务员法》管理的人员
法律、法规授权或者受国家机关依法委托管理公共事务的组织中从事公务的人员
国有企业管理人员
公办的教育、科研、文化、医疗卫生、体育等单位中从事管理的人员
基层群众性自治组织中从事管理的人员
其他依法履行公职的人员

对涉嫌职务犯罪的被调查人提出从宽处罚建议的情形

- 自动投案，真诚悔罪悔过的
- 积极配合调查工作，如实供述监察机关还未掌握的违法犯罪行为的
- 积极退赃，减少损失的
- 具有重大立功表现或者案件涉及国家重大利益等情形的

监察机关根据监督、调查结果，依法作出的处置

- 对有职务违法行为但情节较轻的公职人员，按照管理权限，直接或者委托有关机关、人员，进行谈话提醒、批评教育、责令检查，或者予以诫勉
- 对违法的公职人员依照法定程序作出警告、记过、记大过、降级、撤职、开除等政务处分决定
- 对不履行或者不正确履行职责负有责任的领导人员，按照管理权限对其直接作出问责决定，或者向有权作出问责决定的机关提出问责建议
- 对涉嫌职务犯罪的，监察机关经调查认为犯罪事实清楚，证据确实、充分的，制作起诉意见书，连同案卷材料、证据一并移送人民检察院依法审查、提起公诉
- 对监察对象所在单位廉政建设和履行职责存在的问题等提出监察建议

监察机关经调查，对没有证据证明被调查人存在违法犯罪行为的，应当撤销案件，并通知被调查人所在单位

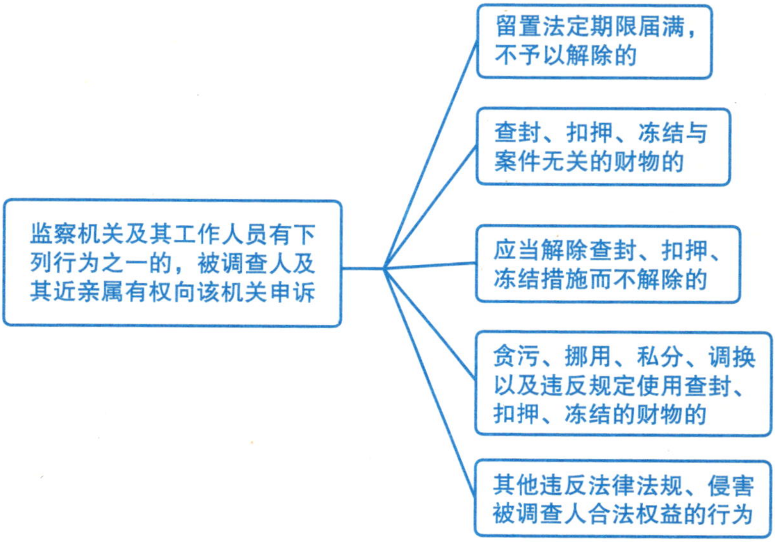
监察机关及其工作人员有下列行为之一的，被调查人及其近亲属有权向该机关申诉
留置法定期限届满，不予以解除的
查封、扣押、冻结与案件无关的财物的
应当解除查封、扣押、冻结措施而不解除的
贪污、挪用、私分、调换以及违反规定使用查封、扣押、冻结的财物的
其他违反法律法规、侵害被调查人合法权益的行为

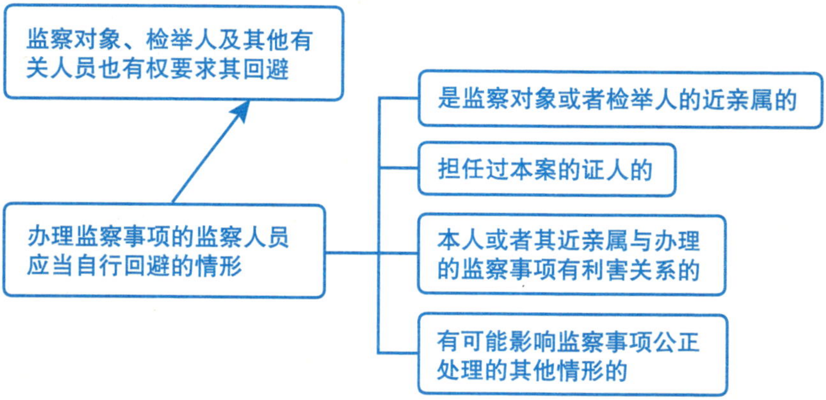
监察对象、检举人及其他有关人员也有权要求其回避
办理监察事项的监察人员应当自行回避的情形
是监察对象或者检举人的近亲属的
担任过本案的证人的
本人或者其近亲属与办理的监察事项有利害关系的
有可能影响监察事项公正处理的其他情形的

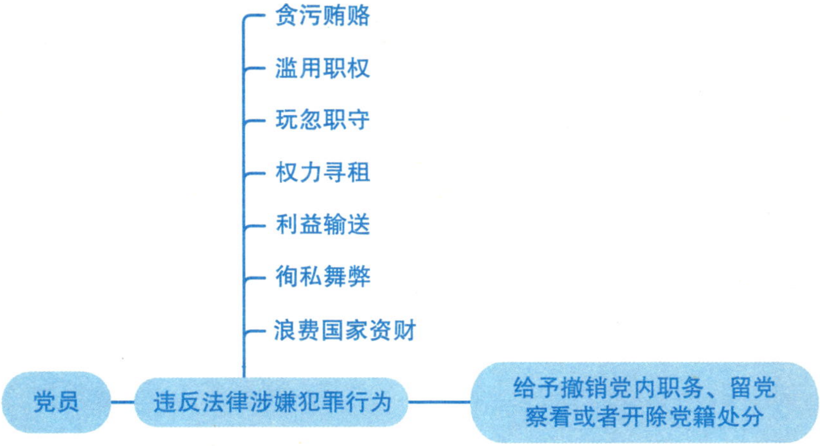
贪污贿赂
滥用职权
玩忽职守
权力寻租
利益输送
徇私舞弊
浪费国家资财
党员
违反法律涉嫌犯罪行为
给予撤销党内职务、留党察看或者开除党籍处分

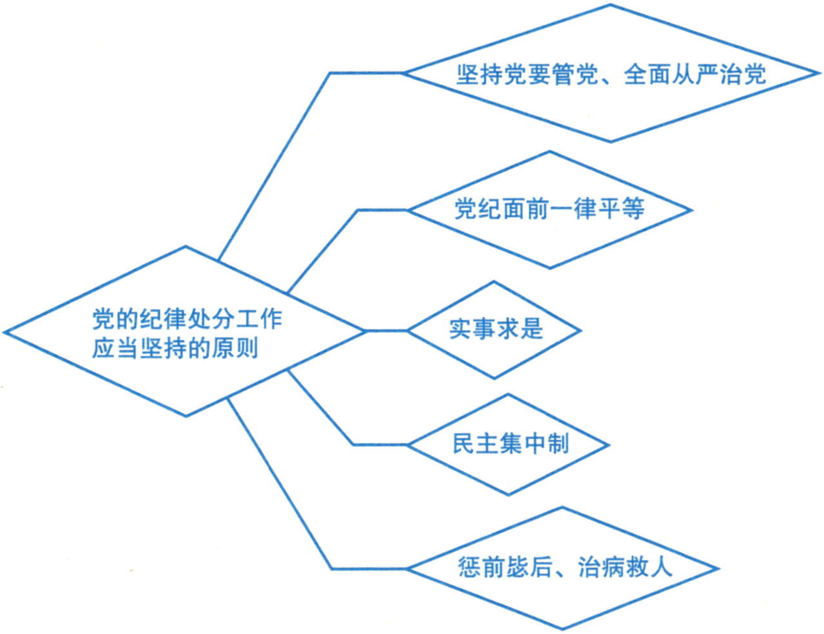
党的纪律处分工作应当坚持的原则
坚持党要管党、全面从严治党
党纪面前一律平等
实事求是
民主集中制
惩前毖后、治病救人

59. 公务员向监察机关申诉的，关于申诉期间有哪些规定？

◆ 案例分析

王某是某国家行政机关的公务员，因为私事与监察单位的领导产生矛盾，在之后的工作中，其直属领导和监察单位领导常常为难王某。有一天上班的时候，王某接到电话，称其老婆发生意外被送到医院。王某想请假却未找到直属领导，情急之下擅自离开单位前往医院。后直属领导与监察单位的领导视察工作时看到王某不在，当即对王某作出警告的处分决定。王某深感气愤，于是向监察机关提出了申诉。申诉期间，王某应当注意哪些规定呢？

根据《监察法》的规定，监察对象对监察机关作出的涉及本人的处理决定不服的，可以自收到处理决定之日起一个月内向作出决定的监察机关申请复审，复审机关应当在一个月内作出复审决定；监察对象对复审决定仍不服的，可以自收到复审决定之日起一个月内向上一级监察机关申请复核，上一级监察机关应当在两个月内作出复核决定。复查、复核期间，不停止原处理决定的执行。因此，王某应在其收到政务处分决定之日起一个月内向作出决定的机关申请复审。复审结果出来之后，王某仍然不服的，应当在收到复审决定后一个月内向上一级监察机关申请复核。

◆ 法律条文

《中华人民共和国监察法》

第四十九条　监察对象对监察机关作出的涉及本人的处理决定不服的，可以在收到处理决定之日起一个月内，向作出决定的监察机关申请复审，复审机关应当在一个月内作出复审决定；监察对象对复审决定仍不服的，可以在收到复审决定之日起一个月内，向上一级监察机关申请复核，复核机关应当在二个月内作出复核决定。复审、复核期间，不停止原处理决定的执行。复核机关经审查，认定处理决定有错误的，原处理机关应当及时予以纠正。

深度解析

国家机关工作人员对主管行政机关作出的处分不服的，应当依照“提出申诉—复查决定—申请复核—复核决定”的程序进行救济。同时，复查、复核申请期间，不停止原决定的执行。对于被监察人提出的复查申请，监察机关应当以事实、证据、法律法律、程序为依据，对违法违纪的事实，适用法律、法规、规章，违法违纪行为的情节认定，作出的处理决定是否违反法定程序和是否超越职权或滥用职权进行复查。复查后可以变更、撤销或维持原决定。

60. 违法犯罪的党员，哪些情况下会被开除党籍？

◆ 案例分析

张某是某公安局科员，在一次下班后，与数名好友前往大排档聚餐。其间与邻桌的人发生矛盾，张某将其打伤，经过司法鉴定为轻伤。伤者肖某将张某诉至法院，法院经过审理判决张某犯故意伤害罪，判处拘役六个月，缓刑六个月。张某单位的党组织召开党委会决定开除张某党籍。那么，除了这种情况，还有哪些情况下，违法犯罪的党员会被开除党籍呢？

中共党员的纪律严明，依据《中国共产党纪律处分条例》的规定，党员犯罪有下列情形之一的，应当给予开除党籍处分：（1）因故意犯罪被依法判处《刑法》规定的主刑（含宣告缓刑）的；（2）被单处或者附加剥夺政治权利的；（3）因过失犯罪，被依法判处三年以上（不含三年）有期徒刑的。此外，因过失犯罪被判处三年以下（含三年）有期徒刑或者被判处管制、拘役的，一般应当开除党籍。对于个别可以不开除党籍的，应当对照处分党员批准权限的规定，报请再上一级党组织批准。案例中，张某故意犯罪被判处缓刑，依条例开除党籍是其应当受到的处分。

◆ 法律条文

《中国共产党纪律处分条例》

第三十二条 党员犯罪，有下列情形之一的，应当给予开除党籍处分：

（一）因故意犯罪被依法判处刑法规定的主刑（含宣告缓刑）的；

（二）被单处或者附加剥夺政治权利的；

（三）因过失犯罪，被依法判处三年以上（不含三年）有期徒刑的。

因过失犯罪被判处三年以下（含三年）有期徒刑或者被判处管制、拘役的，一般应当开除党籍。对于个别可以不开除党籍的，应当对照处分党员批准权限的规定，报请再上一级党组织批准。

深度解析

根据坚持全面从严治党、依规治党的要求，对党员的行为规范要求应当更加严格。党员应当起到模范带头作用，应以身作则，遵纪守法。如果有触犯《刑法》而被判处刑罚的情况，则与党员应有的素质要求严重相悖，必须受到相应处罚。

61. 如何区分有关责任人员的失职、渎职行为?

◆ 案例分析

某区发生矿难，造成多人死亡。该次矿难的事故调查报告公布后，该区的区委书记在矿难的会议中痛心疾首，表示自己对于此次矿难负有重要的领导责任。该区的区长因为没有尽到检查职责，被认定为对事故负有主要的领导责任。煤矿安全的负责人因为对安全生产的疏忽，被认定为直接责任人，另外还有多名责任人被追究责任。类似这样的情况，关于责任人员的失职、渎职行为应当如何进行区分呢?

区分三种责任人对于责任的追究具有重要的意义。依据《中国共产党纪律处分条例》的规定，失职、渎职行为有关责任人员的区分为：(1）直接责任者，是指在其职责范围内，不履行或者不正确履行自己的职责，对造成的损失或者后果起决定性作用的党员或者党员领导干部；(2）主要领导责任者，是指在其职责范围内，对直接主管的工作不履行或者不正确履行职责，对造成的损失或者后果负直接领导责任的党员领导干部；(3）重要领导责任者，是指在其职责范围内，对应管的工作或者参与决定的工作不履行或者不正确履行职责，对造成的损失或者后果负次要领导责任的党员领导干部。

◆ 法律条文

《中国共产党纪律处分条例》

第三十七条 违纪行为有关责任人员的区分：

（一）直接责任者，是指在其职责范围内，不履行或者不正确履行自己的职责，对造成的损失或者后果起决定性作用的党员或者党员领导干部。

（二）主要领导责任者，是指在其职责范围内，对直接主管的工作不履行或者不正确履行职责，对造成的损失或者后果负直接领导责任的党员领导干部。

（三）重要领导责任者，是指在其职责范围内，对应管的工作或者参与决定的工作不履行或者不正确履行职责，对造成的损失或者后果负次要领导责任的党员领导干部。

本条例所称领导责任者，包括主要领导责任者和重要领导责任者。

深度解析

直接责任者是指，在由其直接负责执行、承办或操作的某项工作中有不履行或者不正确履行职责的行为，并且该行为是造成损害后果的决定性原因。而主要领导责任者中的“直接主管”，是指按照领导干部的职责分工直接归属其领导、管理，对具体负责承办人有指挥、调动和决定部分事项的职权。重要领导责任中的“应管的工作”，是指按照法定职责对相关工作具有一定的决定、批准权限，对其职责范围内的工作负总责，应全面履行职责的情况。

62. 对于党员违反纪律的行为应该如何处分？

◆ 案例分析

孙某是其所在区政府的一名党员干部。在其任职期间，为了得到每月数百元的最低生活保障待遇，孙某在其妻子隐瞒收入向民政局申报低保后，联系民政局办理低保的人员以及其他审批环节的工作人员，请求给予方便。后被人举报，区常委会开会决定给予孙某严重警告的处分。那么，对于党员的纪律处分包括哪些呢？

党纪处分是对违反纪律的党员采取的必要的教育手段和处分手段。对党员的纪律处分包括以下内容：

（1）警告和严重警告。党员受到警告处分一年内、受到严重警告处分一年半内，不得在党内提升职务和向党外组织推荐担任高于其原任职务的党外职务。

（2）撤销党内职务。撤销党内职务处分，是指撤销受处分党员由党内选举或者组织任命的党内各种职务。党员受到撤销党内职务处分，两年内不得在党内担任和向党外组织推荐担任与其原任职务相当或者高于其原任职务的职务。

（3）留党察看。留党察看处分，分为留党察看一年、留党察看两年。党员受留党察看处分期间，没有表决权、选举权和被选举权。

（4）开除党籍。党员受到开除党籍处分，五年内不得重新入党。另有规定不准重新入党的，依照规定。

◆ 法律条文

《中国共产党纪律处分条例》

第八条 对党员的纪律处分种类：

（一）警告；

（二）严重警告；

（三）撤销党内职务；

（四）留党察看；

（五）开除党籍。

深度解析

党员违反党纪的制裁措施包括警告、严重警告、撤销党内职务、留党察看、开除党籍，从前到后依次加重。

警告适用于犯了一般性的错误或所犯错误情节比较轻，但必须予以党纪处分的党员。

严重警告适用于所犯错误的性质和程度比较严重的违纪党员。

撤销党内职务适用于所犯错误性质、情节严重，不宜再担任党内职务的违纪党员。

留党察看适用于严重违反党纪，但尚未完全丧失共产党员条件，需要给其改正错误的机会，以便党组织继续考察的党员。

开除党籍适用于严重违反党的纪律，造成很坏影响，严重损害党和国家的利益，给党的形象和工作带来重大损失，或者犯了错误不改正，抵制党组织的教育，背离党的路线、方针、政策，完全丧失共产党员条件或严重触犯刑律的党员。

63. 对于党员挥霍浪费公共财产的行为，应该如何处罚？

◆ 案例分析

某市交通局局长宋某是党员，其在职期间，以外出考察为由，实际上数次使用公款出国旅游，回国后对于交通建设未提出任何建设性意见，导致其他干部和群众对其十分不满，有群众向市纪委监委进行了投诉。市纪委监委书记组织人员进行调查，发现确有其事，召开会议后决定给予宋某严重警告处分。那么，不同程度的挥霍浪费公共财产应当如何处罚呢？

依据规定，用公款旅游，情节较轻的，给予警告或者严重警告处分；情节较重的，给予撤销党内职务或者留党察看处分；情节严重的，给予开除党籍处分。可见，挥霍公款用以旅游等行为的严重程度不同，给予的处罚依次不同。本案中，宋某用公款出国旅游，违反了纪律规范，应根据其挥霍的程度予以相应处罚。

◆ 法律条文

《中国共产党纪律处分条例》

第一百零五条 有下列行为之一，对直接责任者和领导责任者，情节较轻的，给予警告或者严重警告处分；情节较重的，给予撤销党内职务或者留党察看处分；情节严重的，给予开除党籍处分：

（一）公款旅游或者以学习培训、考察调研、职工疗养等为名变相公款旅游的；

（二）改变公务行程，借机旅游的；

（三）参加所管理企业、下属单位组织的考察活动，借机旅游的。

以考察、学习、培训、研讨、招商、参展等名义变相用公款出国（境）旅游的，依照前款规定处理。

深度解析

厉行节约，不仅是我国的传统美德，更是我党的优良作风。党的纪律处分条例以列举的方式写明了挥霍公共财产的行为，并根据不同情节确定了不同的党纪处分。情节轻重的确定在实际中一般根据金额、数量以及造成的社会不良影响等因素综合考虑。

第七章
行政强制法律知识

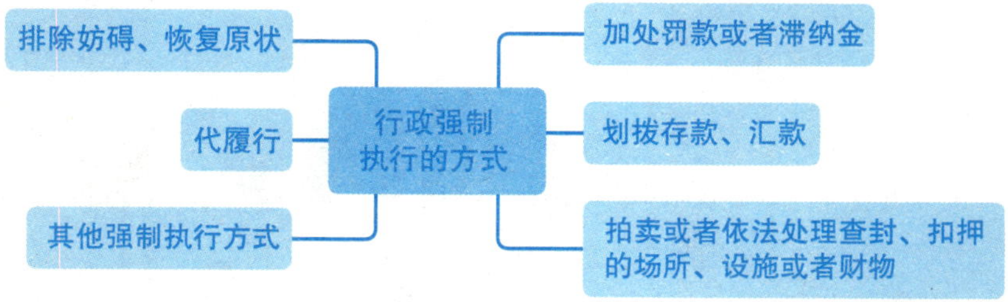
行政强制执行的方式
排除妨碍、恢复原状
代履行
其他强制执行方式
加处罚款或者滞纳金
划拨存款、汇款
拍卖或者依法处理查封、扣押的场所、设施或者财物

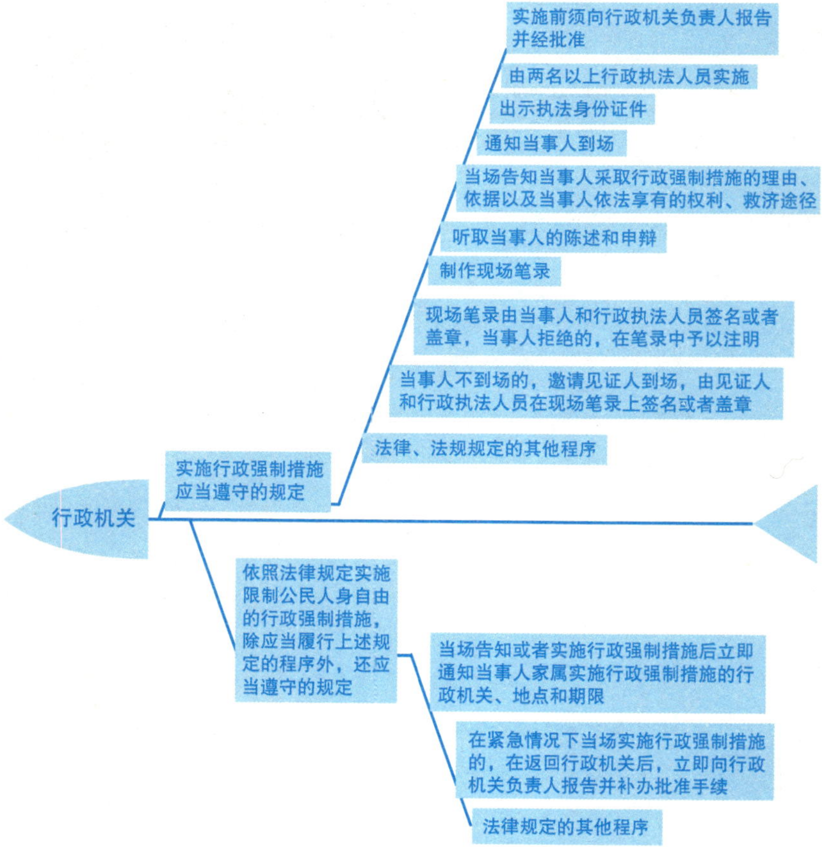
行政机关
实施行政强制措施应当遵守的规定
实施前须向行政机关负责人报告并经批准
由两名以上行政执法人员实施
出示执法身份证件
通知当事人到场
当场告知当事人采取行政强制措施的理由、依据以及当事人依法享有的权利、救济途径
听取当事人的陈述和申辩
制作现场笔录
现场笔录由当事人和行政执法人员签名或者盖章，当事人拒绝的，在笔录中予以注明
当事人不到场的，邀请见证人到场，由见证人和行政执法人员在现场笔录上签名或者盖章
法律、法规规定的其他程序
依照法律规定实施限制公民人身自由的行政强制措施，除应当履行上述规定的程序外，还应当遵守的规定
当场告知或者实施行政强制措施后立即通知当事人家属实施行政强制措施的行政机关、地点和期限
在紧急情况下当场实施行政强制措施的，在返回行政机关后，立即向行政机关负责人报告并补办批准手续
法律规定的其他程序

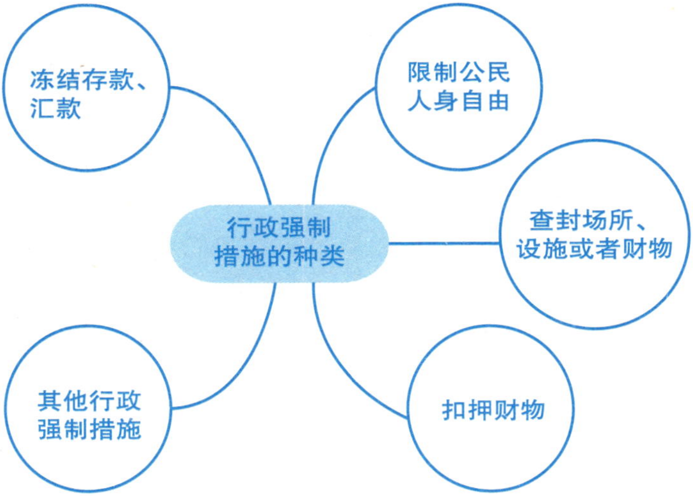

解除冻结

- 行政机关及时作出解除冻结决定的情形
  - 当事人没有违法行为
  - 冻结的存款、汇款与违法行为无关
  - 行政机关对违法行为已经作出处理决定，不再需要冻结
  - 冻结期限已经届满
  - 其他不再需要采取冻结措施的情形
- 行政机关作出解除冻结决定的，应当及时通知金融机构和当事人。金融机构接到通知后，应当立即解除冻结
- 行政机关逾期未作出处理决定或者解除冻结决定的，金融机构应当自冻结期满之日起解除冻结

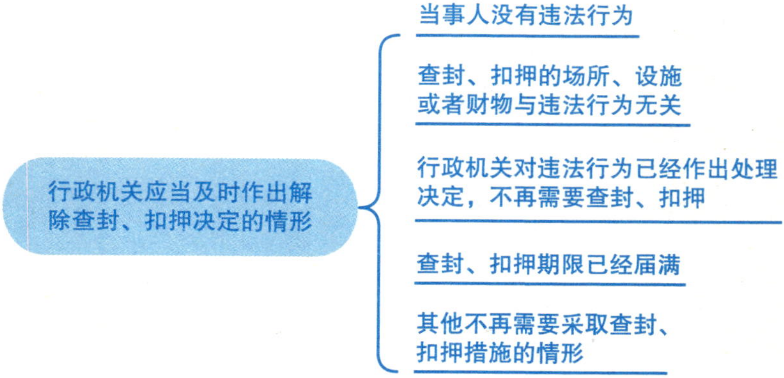
行政机关应当及时作出解除查封、扣押决定的情形
当事人没有违法行为
查封、扣押的场所、设施或者财物与违法行为无关
行政机关对违法行为已经作出处理决定，不再需要查封、扣押
查封、扣押期限已经届满
其他不再需要采取查封、扣押措施的情形

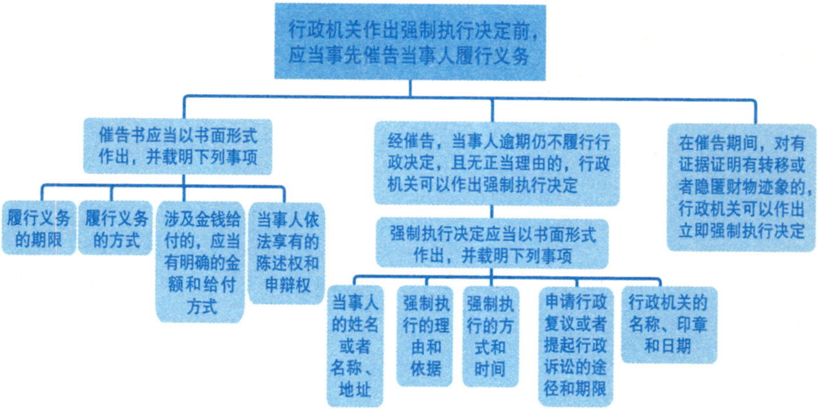
行政机关作出强制执行决定前，应当事先催告当事人履行义务
催告书应当以书面形式作出，并载明下列事项
履行义务的期限
履行义务的方式
涉及金钱给付的，应当有明确的金额和给付方式
当事人依法享有的陈述权和申辩权
经催告，当事人逾期仍不履行行政决定，且无正当理由的，行政机关可以作出强制执行决定
强制执行决定应当以书面形式作出，并载明下列事项
当事人的姓名或者名称、地址
强制执行的理由和依据
强制执行的方式和时间
申请行政复议或者提起行政诉讼的途径和期限
行政机关的名称、印章和日期
在催告期间，对有证据证明有转移或者隐匿财物迹象的，行政机关可以作出立即强制执行决定

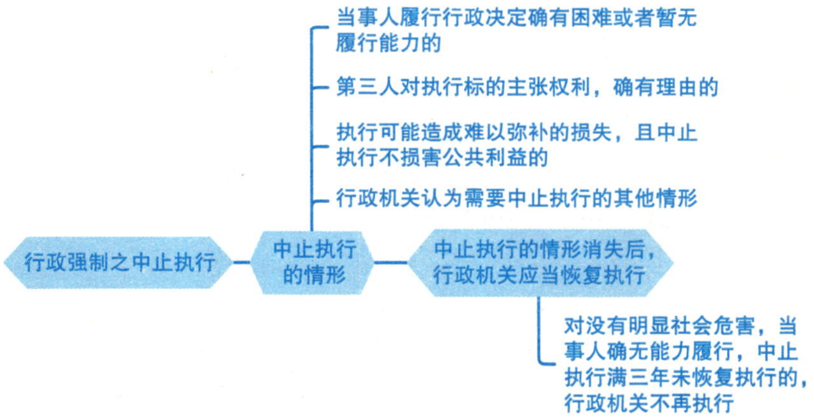
行政强制之中止执行
中止执行的情形
当事人履行行政决定确有困难或者暂无履行能力的
第三人对执行标的主张权利，确有理由的
执行可能造成难以弥补的损失，且中止执行不损害公共利益的
行政机关认为需要中止执行的其他情形
中止执行的情形消失后，行政机关应当恢复执行
对没有明显社会危害，当事人确无能力履行，中止执行满三年未恢复执行的，行政机关不再执行

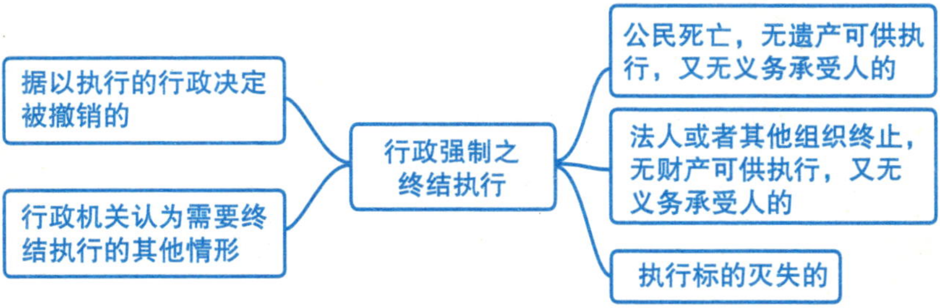
行政强制之终结执行
据以执行的行政决定被撤销的
行政机关认为需要终结执行的其他情形
公民死亡，无遗产可供执行，又无义务承受人的
法人或者其他组织终止，无财产可供执行，又无义务承受人的
执行标的灭失的

64. 行政机关查封扣押的范围是什么？

◆ 案例分析

某市市场监督管理局在一次针对本市烟酒商店的检查中，发现宁某经营的烟酒批发商店没有办理相关的经营手续，属于无证经营。于是，该市场监督管理局决定没收宁某尚未出售的烟酒以及违法所得8000元。宁某及其妻子不服市场监督管理局的决定，在商店门口又吵又闹，严重扰乱了市场监督管理局工作人员的正常工作和社会秩序，工作人员一怒之下将宁某的汽车一并查封扣押了。请问，市场监督管理局可以查封扣押宁某的汽车吗？行政机关查封扣押的范围是什么？

市场监督管理局查封扣押宁某汽车的行为是违法的。根据《行政强制法》第二十三条第一款的规定，查封、扣押限于涉案的场所、设施或者财物，不得查封、扣押与违法行为无关的场所、设施或者财物。因此，市场监督管理局不可以查封扣押与案件无关的财产。本案中，宁某的汽车与无证经营无关，不应该成为扣押的对象。

◆ 法律条文

《中华人民共和国行政强制法》

第二十三条第一款 查封、扣押限于涉案的场所、设施或者财物，不得查封、扣押与违法行为无关的场所、设施或者财物；不得查封、扣押公民个人及其所扶养家属的生活必需品。

深度解析

查封、扣押财物是两种基本的行政强制措施，但查封、扣押的范围仅限于涉案的场所、设施或者财物。为了防止行政机关滥用权力，杜绝执法人员在实施行政强制措施过程中侵害公民、企业的合法权益，任意扩大查封、扣押的范围，从法律规范上对查封扣押的范围进行限制显得十分必要，一方面可以明确查封、扣押的范围，另一方面可以有效保障行政相对人的合法权益。

65. 被扣押的财产毁损灭失的，由谁承担赔偿责任？

◆ 案例分析

夏季旅游旺季到来前夕，某市交通管理局集中对本市的出租车进行了检查，检查中发现阚某某的出租车运营证件已经过期，现属于非法营运。于是，市交通管理局扣押了阚某某的车，并向阚某某出具了扣押清单。扣押期间，在市交通管理局相关负责人的默许下，工作人员刘某使用了该车，并且发生了剐蹭。请问，市交通管理局是否应该对阚某某的车的损失承担赔偿责任？

根据《行政强制法》第二十六条的规定，对查封、扣押的场所、设施或者财物，行政机关应当妥善保管，不得使用或者损毁；造成损失的，应当承担赔偿责任。本案中，市交通管理局在扣押阚某某的车辆后，有妥善保管的义务。如果市交通管理局保管不善或者违法使用该车辆，那么车辆毁损后造成的损失就应该由市交通管理局赔偿。

◆ 法律条文

《中华人民共和国行政强制法》

第二十六条 对查封、扣押的场所、设施或者财物，行政机关应当妥善保管，不得使用或者损毁；造成损失的，应当承担赔偿责任。

对查封的场所、设施或者财物，行政机关可以委托第三人保管，第三人不得损毁或者擅自转移、处置。因第三人的原因造成的损失，行政机关先行赔付后，有权向第三人追偿。

因查封、扣押发生的保管费用由行政机关承担。

深度解析

行政机关对场所、设施或者财物进行查封、扣押，当事人依然对其享有所有权。为了维护当事人的合法权益，行政机关在查封、扣押过程中要履行妥善保管的义务，执法人员要避免损毁所查封、扣押的场所、设施和财物，否则行政机关应承担相应的赔偿责任。

66. 催告期间，当事人转移财产的，行政机关可以采取什么措施？

◆ 案例分析

自去年年初开始，某装饰公司一直拖欠税款，共计50万元。税务局按照规定作出决定，催告该装饰公司限期缴纳税款及滞纳金。该公司接到决定书后，将本公司一辆价值50万元的汽车无偿赠与该公司经理王某某。该装饰公司逾期仍然没有缴纳，经税务局局长批准，税务局决定扣押该公司价值50万元的汽车，但是在执法时，税务局执法人员发现该汽车的所有权已经转移到了王某某的名下。那么，对于当事人在催告期间转移财产的情况，行政机关可以采取什么措施？

根据《税收征收管理法》第五十条的规定，税务机关可以行使撤销权，向人民法院申请撤销该公司与王某某的无偿赠与合同。然后再根据《行政强制法》第三十七条第三款的规定，作出立即强制执行决定，并依据《税收征收管理法》第四十条的规定，扣押、查封、依法拍卖或者变卖其价值相当于应纳税款的货物或者其他财产，以拍卖或者变卖所得抵缴税款和滞纳金。

◆ 法律条文

《中华人民共和国税收征收管理法》

第四十条第一款 从事生产、经营的纳税人、扣缴义务人未按照规定的期限缴纳或者解缴税款，纳税担保人未按照规定的期限缴纳所担保的税款，由税务机关责令限期缴纳，逾期仍未缴纳的，经县以上税务局（分局）局长批准，税务机关可以采取下列强制执行措施：

……

（二）扣押、查封、依法拍卖或者变卖其价值相当于应纳税款的商品、货物或者其他财产，以拍卖或者变卖所得抵缴税款。

……

第五十条第一款　欠缴税款的纳税人因怠于行使到期债权，或者放弃到期债权，或者无偿转让财产，或者以明显不合理的低价转让财产而受让人知道该情形，对国家税收造成损害的，税务机关可以依照合同法第七十三条、第七十四条①的规定行使代位权、撤销权。

《中华人民共和国行政强制法》

第三十七条第三款　在催告期间，对有证据证明有转移或者隐匿财物迹象的，行政机关可以作出立即强制执行决定。

深度解析

对于拖欠税款的纳税人，行政机关可以依法对其故意损害国家税收的行为行使代位权、撤销权，以防止税收流失，保障税收收入，捍卫税收制度。同时，还需要注意的是，税务机关不能直接行使代位权、撤销权，而是要向人民法院提出申请，通过人民法院行使。

① 现为《中华人民共和国民法典》第五百三十五条、第五百三十八条、第五百三十九条、第五百四十条。

67. 实施行政强制措施后，什么情形下行政机关需要中止执行？

◆ 案例分析

某市城市建设管理局在对该市街道进行检查时发现，某小区附近小吃街的商户翟某存在乱搭乱建现象，影响了市容市貌以及环境卫生。于是，城市建设管理局发出公告，要求翟某限期拆除违法搭建的建筑物。但翟某并未在规定的期限内自行拆除，也未申请行政复议或提起行政诉讼。期满后，城市建设管理局申请法院强制执行。在强制执行过程中，齐某对该建筑物主张所有权，并且拿出了证据。此时，执行人员应该怎么办？

根据《行政强制法》第三十九条的规定，第三人对执行标的主张权利，确有理由的，中止执行。也就是说，作为第三人的齐某对被强制拆除的建筑物主张所有权，并且提出了证据，行政执法人员应该中止执行。同时该条也规定，中止执行的情形消失后，行政机关应当恢复执行。所以当该建筑物的所有权属明晰后，行政机关就会恢复执行。此外，对没有明显危害，当事人无履行能力的，中止执行满三年仍未恢复，则不再执行。

◆ 法律条文

《中华人民共和国行政强制法》

第三十九条 有下列情形之一的，中止执行：

（一）当事人履行行政决定确有困难或者暂无履行能力的；

（二）第三人对执行标的主张权利，确有理由的；

（三）执行可能造成难以弥补的损失，且中止执行不损害公共利益的；

（四）行政机关认为需要中止执行的其他情形。

中止执行的情形消失后，行政机关应当恢复执行。对没有明显社会危害，当事人确无能力履行，中止执行满三年未恢复执行的，行政机关不再执行。

深度解析

一般情况下，强制执行以实现行政管理目的为终点，不能随意停止或者中途放弃。但是考虑到实践中有时会出现某种无法克服和难以避免的特殊情况，使强制执行程序不能进行或者不宜继续进行，应当暂时停止。为了保护当事人、第三人或者社会的正当利益，保障行政强制执行的严肃性，遇有法定中止执行的情形时，行政机关就应当暂停执行，等到中止执行的情形消失后再恢复执行。

68. 行政机关实施行政强制执行时，在时间上有什么要求？

◆ 案例分析

某小区居民举报，高某在该小区门口的蔬菜摊点私自搭建房屋，对道路环境造成了破坏，该市城管局的执法人员对该事件进行调查后，确认居民举报情况属实。市城管局要求高某在15日内自行拆除。但是高某在规定的期限内既没有申请行政复议或提起行政诉讼，也没有自行拆除。城管局决定对高某进行强制执行，为了减小执行的阻力，城管局选择在夜间执行。请问，城管局选择夜间进行强制执行的做法合法吗？

根据《行政强制法》第四十四条的规定，对违法的建筑物、构筑物、设施等需要强制拆除的，应当由行政机关予以公告，限期当事人自行拆除。当事人在法定期限内不申请行政复议或者提起行政诉讼，又不拆除的，行政机关可以依法强制拆除。对于强制拆除的时间限制，该法第四十三条又规定，行政机关不得在夜间或者法定节假日实施行政强制执行。所以，本案中城管局选择在夜间进行强制拆除违法建筑的做法是不合乎法律规定的。

◆ 法律条文

《中华人民共和国行政强制法》

第四十三条第一款 行政机关不得在夜间或者法定节假日实施

行政强制执行。但是，情况紧急的除外。

第四十四条 对违法的建筑物、构筑物、设施等需要强制拆除的，应当由行政机关予以公告，限期当事人自行拆除。当事人在法定期限内不申请行政复议或者提起行政诉讼，又不拆除的，行政机关可以依法强制拆除。

深度解析

强制拆除的行政强制措施在实际中确实存在行政执法阻力大、执行难的情况，但是这并不意味着执法人员为了达到执法的效果就可以采取不合乎法理与情理的手段。行政执法的原则之一是保护公民的合法权益，在此基础之上当然也要兼顾公共利益，使个人利益与公共利益达到一种更加平衡的状态。

69. 行政机关强制拆除违法建筑物在程序上有什么要求？

◆ 案例分析

某广告公司未经许可私自在该市人民广场设立了一个大型广告牌，经市规划局调查认定该广告牌的设立违法，应予拆除，于是市规划局对该广告公司依法作出了限期拆除并处罚款的决定。但是，该广告公司并未缴纳罚款，逾期也未拆除，也没有申请行政复议或提起行政诉讼。市规划局决定对其进行强制拆除，那么强制拆除在程序上有什么要求吗？

根据《行政强制法》第四十四条的规定，对违法的建筑物、构筑物、设施等需要强制拆除的，应当由行政机关予以公告，限期当事人自行拆除。当事人在法定期限内不申请行政复议或者提起行政诉讼，又不拆除的，行政机关可以依法强制拆除。所以，本案中，要强制拆除违法广告牌的，应当由行政机关予以公告，限期当事人先自行拆除。当事人在法定期限内不申请行政复议、不提起行政诉讼，又不拆除的，行政机关才可以依法强制拆除。

同时，根据该法第四十五条的规定，行政机关依法作出金钱给付义务的行政决定，即本案之中的罚款，广告公司逾期不履行的，行政机关可以依法加处罚款或者滞纳金。加处罚款或者滞纳金的标准应当告知广告公司。加处罚款或者滞纳金的数额不得超出金钱给付义务的数额。

◆ 法律条文

《中华人民共和国行政强制法》

第四十四条　对违法的建筑物、构筑物、设施等需要强制拆除的，应当由行政机关予以公告，限期当事人自行拆除。当事人在法定期限内不申请行政复议或者提起行政诉讼，又不拆除的，行政机关可以依法强制拆除。

第四十五条　行政机关依法作出金钱给付义务的行政决定，当事人逾期不履行的，行政机关可以依法加处罚款或者滞纳金。加处罚款或者滞纳金的标准应当告知当事人。

加处罚款或者滞纳金的数额不得超出金钱给付义务的数额。

深度解析

程序是法律的生命，程序违法，行政行为就不会产生相应的法律效力。行政机关强制拆除的行为与公民的权益密切相关，注重程序的严肃性，有利于防止行政权力滥用，保障实体公正的实现，从而保障人权，防止国家权力可能给人权造成的不法侵害。

70. 什么是代履行？法律关于代履行作出了哪些规定？

◆ 案例分析

某市环保局接到群众举报，该市某水泥厂的砂石灰随意堆放，没有采取防护措施，以致大风吹起造成扬沙，给周围群众的居住环境造成严重影响。市环保局查证后，向该水泥厂作出行政处罚决定，要求其限期采取措施，防止砂石灰被风吹起。水泥厂接受了罚款，但是没有及时采取防护措施。环保局告知该水泥厂，如果再不采取措施，就会依法决定代履行。请问，什么是代履行？法律关于代履行作出了哪些规定？

《行政强制法》第五十条、第五十一条、第五十二条均是关于代履行的规定。本案中，行政机关依法要求水泥厂采取措施防止砂石灰被风吹起，水泥厂逾期不履行，若经催告仍不履行的，考虑到砂石灰被大风吹起，会造成扬沙的天气，危害周围群众的居住环境，行政机关可以依法代履行，或者委托没有利害关系的第三人代履行，也就是代替水泥厂履行行政决定确定的义务。

◆ 法律条文

《中华人民共和国行政强制法》

第五十条 行政机关依法作出要求当事人履行排除妨碍、恢复原状等义务的行政决定，当事人逾期不履行，经催告仍不履行，其后果已经或者将危害交通安全、造成环境污染或者破坏自然资源的，行政机关可以代履行，或者委托没有利害关系的第三人代履行。

第五十一条 代履行应当遵守下列规定：

（一）代履行前送达决定书，代履行决定书应当载明当事人的姓名或者名称、地址，代履行的理由和依据、方式和时间、标的、费用预算以及代履行人；

（二）代履行三日前，催告当事人履行，当事人履行的，停止代履行；

（三）代履行时，作出决定的行政机关应当派员到场监督；

（四）代履行完毕，行政机关到场监督的工作人员、代履行人和当事人或者见证人应当在执行文书上签名或者盖章。

代履行的费用按照成本合理确定，由当事人承担。但是，法律另有规定的除外。

代履行不得采用暴力、胁迫以及其他非法方式。

第五十二条 需要立即清除道路、河道、航道或者公共场所的遗洒物、障碍物或者污染物，当事人不能清除的，行政机关可以决定立即实施代履行；当事人不在场的，行政机关应当在事后立即通知当事人，并依法作出处理。

深度解析

当事人拒不履行行政机关依法作出的排除妨碍、恢复原状等义务的行政决定，而其后果已经或者将危害交通安全、造成环境污染或者破坏自然资源的，行政机关可以代履行，或者委托没有利害关系的第三人代履行。法律对代履行的范围、程序等条件都进行了限制和明确，加强了对代履行的规范，这有利于防止行政机关滥用权力。当然，法律也规定了在特殊情况下的强制执行程序可以相应简化，体现了“事急从权”的原则。

71. 人民法院有行政强制执行权吗？

◆ 案例分析

某市人民法院收到该市城市建设管理局的申请，对该市某市场内商户冯某某违法搭建的商铺进行强制拆除，人民法院经过审查后，作出准予强制执行的裁定。后来，人民法院派出执法人员执行强制拆除冯某某违法搭建的商铺的任务。冯某某不解，要求拆除商铺的决定是由城市建设管理局作出的，为什么却由人民法院来执行？那么，人民法院也有行政强制执行权吗？

根据《行政强制法》第五十三条、第五十四条的规定，当事人在法定期限内不申请行政复议或者提起行政诉讼，又不履行行政决定的，没有行政强制执行权的行政机关可以自期限届满之日起三个月内，依照本章规定申请人民法院强制执行。也就是说，行政机关依法未被赋予对特定事项的强制执行权，则需要依规定申请人民法院执行，不能自己执行。本案中的城市建设管理局没有强制执行权，所以应依法申请人民法院强制执行。

◆ 法律条文

《中华人民共和国行政强制法》

第五十三条　当事人在法定期限内不申请行政复议或者提起行政诉讼，又不履行行政决定的，没有行政强制执行权的行政机关可以自期限届满之日起三个月内，依照本章规定申请人民法院强制执行。

第五十四条 行政机关申请人民法院强制执行前，应当催告当事人履行义务。催告书送达十日后当事人仍未履行义务的，行政机关可以向所在地有管辖权的人民法院申请强制执行；执行对象是不动产的，向不动产所在地有管辖权的人民法院申请强制执行。

深度解析

没有强制执行权的行政机关需要申请人民法院实施强制执行，而不能自己执行。而且申请强制执行是有期限限制的，超过届满的期限三个月的，除有正当理由外，人民法院不予受理。行政机关在申请人民法院强制执行前，还需要向当事人履行催告的义务，完成相应的程序。

72. 法院强制执行的费用由谁承担？

◆ 案例分析

某市环保局针对该市一家大型化工厂的污水排放情况进行了检查，发现该化工厂向外排放的污水中总磷浓度超过了排放限值，违反了《水污染防治法》的相关规定，于是对该化工厂作出了罚款20万元的行政处罚。在法定的期限内，该化工厂既没有履行处罚决定，也没有申请行政复议或提起行政诉讼，于是环保局申请人民法院强制执行。那么，人民法院强制执行所产生的费用应该由谁承担？

根据《行政强制法》第六十条的规定，行政机关申请人民法院强制执行，不缴纳申请费。强制执行的费用由被执行人承担。也就是说，本案中，法院强制执行的费用应该由该化工厂承担。

◆ 法律条文

《中华人民共和国行政强制法》

第六十条　行政机关申请人民法院强制执行，不缴纳申请费。强制执行的费用由被执行人承担。

人民法院以划拨、拍卖方式强制执行的，可以在划拨、拍卖后将强制执行的费用扣除。

依法拍卖财物，由人民法院委托拍卖机构依照《中华人民共和国拍卖法》的规定办理。

划拨的存款、汇款以及拍卖和依法处理所得的款项应当上缴国库或者划入财政专户，不得以任何形式截留、私分或者变相私分。

深度解析

人民法院在强制执行中会产生勘验、鉴定、评估等费用，以及因查询、复印、邮寄、通信等其他行为发生的费用，这些费用需要被执行人承担，这也是对被执行人的一种惩罚。同时，法律还对划拨、拍卖的款项作出明确的规定，以规范人民法院以及行政机关的行为，保障被执行人的合法权益。

73. 实施行政强制措施时最少应该由几名执法人员进行？

◆ 案例分析

某食品加工厂尚未依法办理营业执照，就私自进行食品加工活动。后县市场监督管理局发现其无照经营的情况后，责令其停止相关经营活动，并展开了相关的调查。调查人员进入食品加工的场所实施现场检查，并依法对专门用于从事食品加工的工具、设备、原材料、产品等财物实施了查封、扣押。那么，实施上述行政强制措施时，最少应该由几名执法人员进行？

根据《无证无照经营查处办法》第十一条的规定，县级以上市场监督管理部门对涉嫌无证无照经营行为进行查处时，可以行使查封、扣押用于从事无照经营活动的工具、设备、原材料、产品（商品）等物品的职权。因此，本案中县市场监督管理局对某食品加工厂进行相关的调查后所进行的查封、扣押的措施是合法的。《行政强制法》第十八条规定，行政机关实施行政强制措施应当由两名以上行政执法人员实施，并出示执法身份证件。因此，市场监督管理局实施查封、扣押时，最少应该由两名执法人员进行。

◆ 法律条文

《无证无照经营查处办法》

第十一条 县级以上人民政府工商行政管理部门[①]对涉嫌无照经营进行查处，可以行使下列职权：

（一）责令停止相关经营活动；

（二）向与涉嫌无照经营有关的单位和个人调查了解有关情况；

（三）进入涉嫌从事无照经营的场所实施现场检查；

（四）查阅、复制与涉嫌无照经营有关的合同、票据、账簿以及其他有关资料。

对涉嫌从事无照经营的场所，可以予以查封；对涉嫌用于无照经营的工具、设备、原材料、产品（商品）等物品，可以予以查封、扣押。

对涉嫌无证经营进行查处，依照相关法律、法规的规定采取措施。

《中华人民共和国行政强制法》

第十八条 行政机关实施行政强制措施应当遵守下列规定：

（一）实施前须向行政机关负责人报告并经批准；

（二）由两名以上行政执法人员实施；

（三）出示执法身份证件；

……

---

① 现为市场监督管理部门。

深度解析

行政机关实施行政强制措施时，必须遵循一定的法律程序和原则。具体执行行政强制措施的人员应当至少为两人，而且在执行时应当出示执法身份证件，这不但强调了执法程序的合法性，也可以避免一人执法时滥用职权，损害当事人的合法权益，起到内部监督的作用和效果。

74. 行政强制执行前一定要先催告当事人吗？催告可以口头进行吗？

◆ 案例分析

某汽车驾驶学校为了节约汽油外购的花费，私自在驾校内开了一个自用加油站，并配置了加油机和容量为15吨位的地埋式储油罐。市场监督管理部门发现后，认为该驾校的行为涉嫌违法，责令其停止经营活动，予以查封。但是，执行人员强制执行前没有以书面形式催告当事人，这样做合法吗？

驾校私自建设加油站的行为属于违法行为。因涉及危险化学品汽油，应按照《危险化学品安全管理条例》第七十六条的规定移交安全生产监督管理部门查处。安全生产监督管理部门在查处前应按照《行政强制法》第三十五条的规定，事先催告当事人履行义务。催告应当以书面形式作出。催告书应载明下列事项：（1）履行义务的期限；（2）履行义务的方式；（3）涉及金钱给付的，应当有明确的金额和给付方式；（4）当事人依法享有的陈述权和申辩权。

◆ 法律条文

《中华人民共和国行政强制法》

第三十五条 行政机关作出强制执行决定前，应当事先催告当事人履行义务。催告应当以书面形式作出，并载明下列事项：

（一）履行义务的期限；

（二）履行义务的方式；

（三）涉及金钱给付的，应当有明确的金额和给付方式；

（四）当事人依法享有的陈述权和申辩权。

《危险化学品安全管理条例》

第七十六条　未经安全条件审查，新建、改建、扩建生产、储存危险化学品的建设项目的，由安全生产监督管理部门责令停止建设，限期改正；逾期不改正的，处50万元以上100万元以下的罚款；构成犯罪的，依法追究刑事责任。

未经安全条件审查，新建、改建、扩建储存、装卸危险化学品的港口建设项目的，由港口行政管理部门依照前款规定予以处罚。

深度解析

行政机关决定实施行政强制前，应当履行催告义务。为了保证行政机关行政执行的确定性和严肃性，法律要求行政催告应当以书面的方式进行，并且应当载明履行义务的期限、方式、金钱给付数额和给付方式、当事人应有的陈述权和申辩权。书面催告不但简单、明了，还便于被证明，有利于保障行政机关及行政相对人的合法权益。

75. 行政机关有权以当事人不履行行政决定为由让物业停水停电吗?

◆ 案例分析

卫健委工作人员在巡回检查时发现，魏某在未获得卫生许可证的情况下，就开始从事餐饮经营活动，卫健委遂书面告知魏某补办卫生许可证。魏某不予理睬，工作人员多次到店进行教育，魏某仍不补办。经合议，对魏某无照经营的行为，卫健委作出予以取缔并处3000元罚款的处罚决定。但是魏某屡教不改，有人建议，让物业给魏某停水停电，看魏某能撑多久。那么，行政机关能以当事人不履行行政决定为由，让物业停水停电吗?

行政机关不能以当事人不履行行政决定为由让物业停水停电。行政执法不能影响居民最基本的正常生活起居。《行政强制法》第四十三条规定，行政机关不得对居民生活采取停止供水、供电、供热、供燃气等方式迫使当事人履行相关行政决定。所以，即使魏某不履行行政决定，卫健委也不能让物业给其停水停电迫使其履行义务。

◆ 法律条文

《中华人民共和国行政强制法》

第四十三条第二款 行政机关不得对居民生活采取停止供水、

供电、供热、供燃气等方式迫使当事人履行相关行政决定。

深度解析

对于行政相对人的行政违法行为，行政机关有权对其实施行政强制措施。但是，行政机关的行政强制措施不得损害行政相对人的合法权益，不得影响行政相对人的正常生活秩序。为了防止行政机关在行政执行时滥用职权，法律明确规定行政机关不得对居民生活采取停止供水、供电、供热、供燃气等方式迫使当事人履行行政决定。

第八章
国家赔偿法律知识

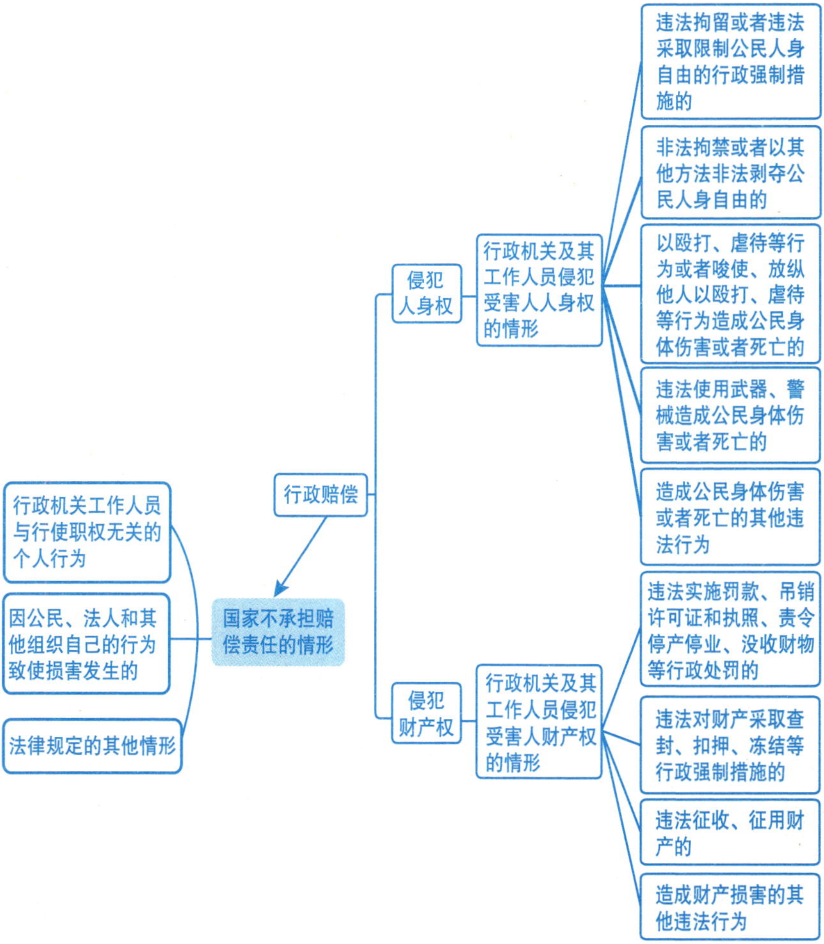
行政赔偿
侵犯人身权
行政机关及其工作人员侵犯受害人人身权的情形
违法拘留或者违法采取限制公民人身自由的行政强制措施的
非法拘禁或者以其他方法非法剥夺公民人身自由的
以殴打、虐待等行为或者唆使、放纵他人以殴打、虐待等行为造成公民身体伤害或者死亡的
违法使用武器、警械造成公民身体伤害或者死亡的
造成公民身体伤害或者死亡的其他违法行为
侵犯财产权
行政机关及其工作人员侵犯受害人财产权的情形
违法实施罚款、吊销许可证和执照、责令停产停业、没收财物等行政处罚的
违法对财产采取查封、扣押、冻结等行政强制措施的
违法征收、征用财产的
造成财产损害的其他违法行为
国家不承担赔偿责任的情形
行政机关工作人员与行使职权无关的个人行为
因公民、法人和其他组织自己的行为致使损害发生的
法律规定的其他情形

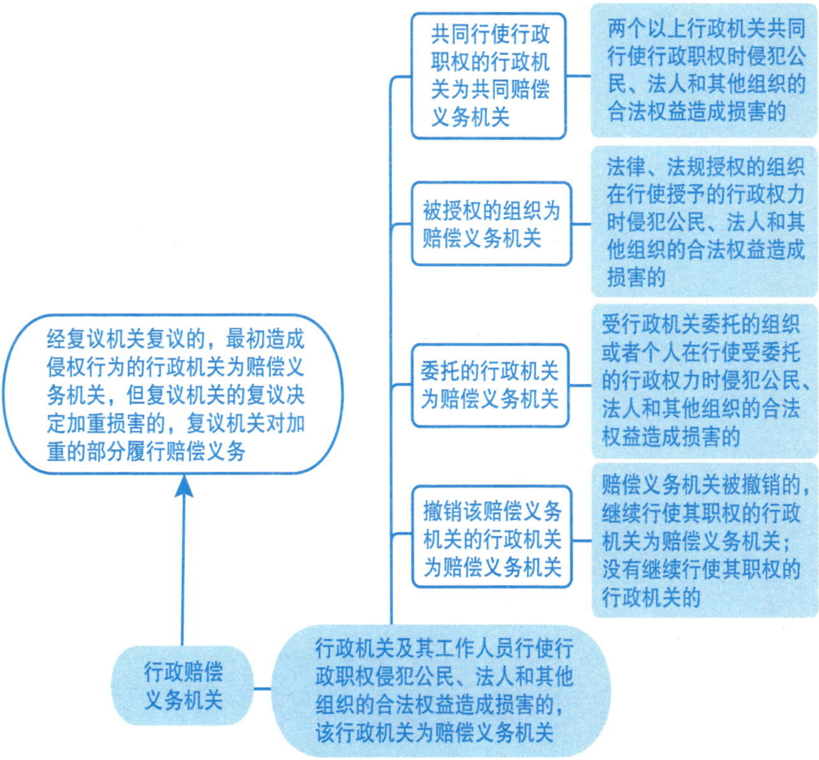
行政赔偿义务机关
行政机关及其工作人员行使行政职权侵犯公民、法人和其他组织的合法权益造成损害的，该行政机关为赔偿义务机关
经复议机关复议的，最初造成侵权行为的行政机关为赔偿义务机关，但复议机关的复议决定加重损害的，复议机关对加重的部分履行赔偿义务
共同行使行政职权的行政机关为共同赔偿义务机关
两个以上行政机关共同行使行政职权时侵犯公民、法人和其他组织的合法权益造成损害的
被授权的组织为赔偿义务机关
法律、法规授权的组织在行使授予的行政权力时侵犯公民、法人和其他组织的合法权益造成损害的
委托的行政机关为赔偿义务机关
受行政机关委托的组织或者个人在行使受委托的行政权力时侵犯公民、法人和其他组织的合法权益造成损害的
撤销该赔偿义务机关的行政机关为赔偿义务机关
赔偿义务机关被撤销的，继续行使其职权的行政机关为赔偿义务机关；没有继续行使其职权的行政机关的

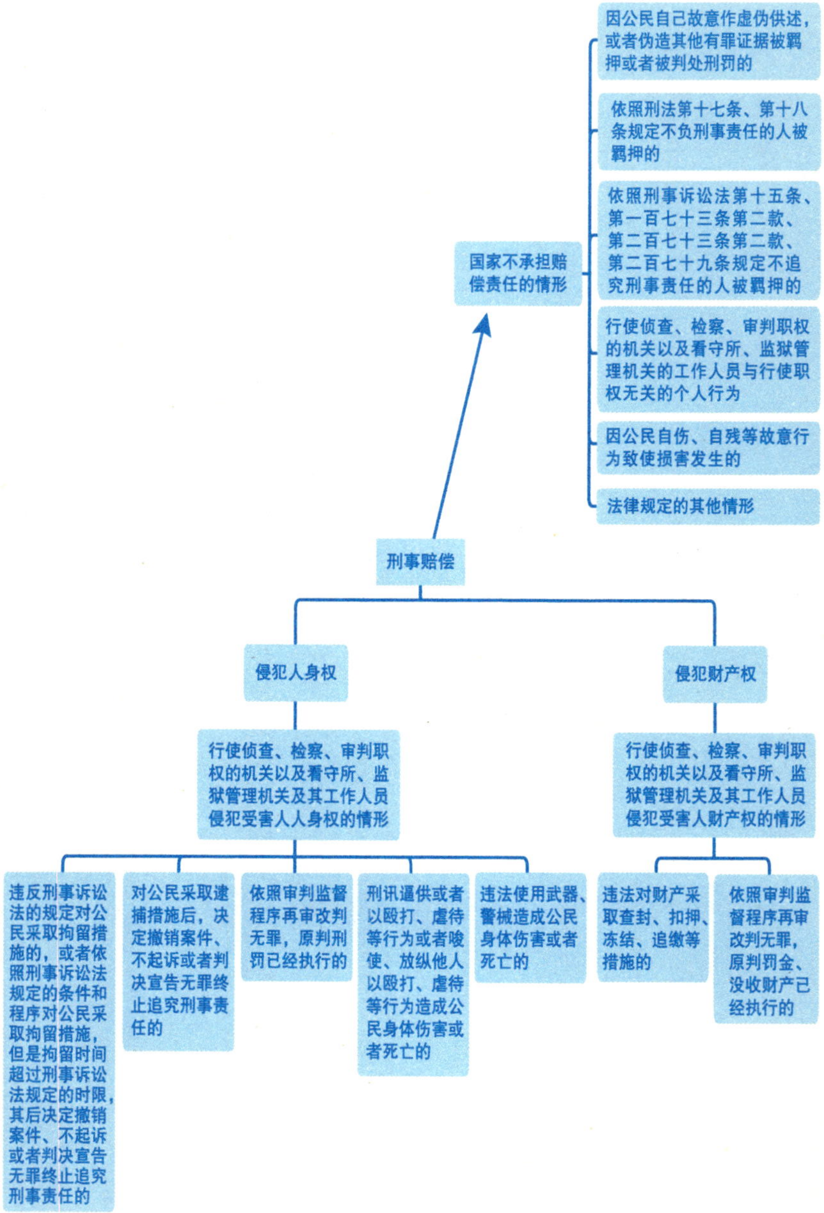
因公民自己故意作虚伪供述，或者伪造其他有罪证据被羁押或者被判处刑罚的
依照刑法第十七条、第十八条规定不负刑事责任的人被羁押的
依照刑事诉讼法第十五条、第一百七十三条第二款、第二百七十三条第二款、第二百七十九条规定不追究刑事责任的人被羁押的
行使侦查、检察、审判职权的机关以及看守所、监狱管理机关的工作人员与行使职权无关的个人行为
因公民自伤、自残等故意行为致使损害发生的
法律规定的其他情形
国家不承担赔偿责任的情形
刑事赔偿
侵犯人身权
侵犯财产权
行使侦查、检察、审判职权的机关以及看守所、监狱管理机关及其工作人员侵犯受害人人身权的情形
行使侦查、检察、审判职权的机关以及看守所、监狱管理机关及其工作人员侵犯受害人财产权的情形
违反刑事诉讼法的规定对公民采取拘留措施的，或者依照刑事诉讼法规定的条件和程序对公民采取拘留措施，但是拘留时间超过刑事诉讼法规定的时限，其后决定撤销案件、不起诉或者判决宣告无罪终止追究刑事责任的
对公民采取逮捕措施后，决定撤销案件、不起诉或者判决宣告无罪终止追究刑事责任的
依照审判监督程序再审改判无罪，原判刑罚已经执行的
刑讯逼供或者以殴打、虐待等行为或者唆使、放纵他人以殴打、虐待等行为造成公民身体伤害或者死亡的
违法使用武器、警械造成公民身体伤害或者死亡的
违法对财产采取查封、扣押、冻结、追缴等措施的
依照审判监督程序再审改判无罪，原判罚金、没收财产已经执行的

刑事赔偿义务机关

- 行使侦查、检察、审判职权的机关以及看守所、监狱管理机关及其工作人员在行使职权时侵犯公民、法人和其他组织的合法权益造成损害的，该机关为赔偿义务机关
  - 作出拘留决定的机关为赔偿义务机关
    - 对公民采取拘留措施，依照本法的规定应当给予国家赔偿的
  - 作出逮捕决定的机关为赔偿义务机关
    - 对公民采取逮捕措施后决定撤销案件、不起诉或者判决宣告无罪的
  - 作出一审有罪判决的人民法院为赔偿义务机关
    - 再审改判无罪的，作出原生效判决的人民法院为赔偿义务机关。二审改判无罪，以及二审发回重审后作无罪处理的

76. 行政机关工作人员的个人行为侵犯公民合法权益的，国家应该赔偿吗？

◆ 案例分析

沈某经营的饭店生意一直很好，某公安局工作人员刘某看到此种情况想要去沈某的店铺捞上一笔。一天，刘某对沈某谎称，此店铺在自己所在的公安局的辖区范围内，而公安局新出台了一项规定，对所有卫生不符合规定的饭店都要处以一定的罚款。沈某听后，担心饭店出状况影响生意，立即将罚款给了刘某。但是事后，刘某问及旁边的邻居时，邻居说并没有这种情况发生。沈某这才感到蹊跷，想起前几天检查时，卫生是合格的。那么，在这种情况下，对于刘某的行为，国家应该赔偿沈某的损失吗？

《国家赔偿法》第五条规定，行政机关工作人员与行使职权无关的个人行为，国家不承担赔偿责任。刘某作为国家机关工作人员，利用职权之便，对沈某的饭店进行虚假的处罚，严重侵害了沈某的财产权利，破坏了公安机关的形象，在社会上造成了极坏的影响。此案必要时可由人民检察院处理，但由于刘某的行为属于与自己职权无关的个人行为，公安机关不对刘某的此种行为承担国家赔偿责任。

◆ 法律条文

《中华人民共和国国家赔偿法》

第五条　属于下列情形之一的，国家不承担赔偿责任：

（一）行政机关工作人员与行使职权无关的个人行为；

（二）因公民、法人和其他组织自己的行为致使损害发生的；

（三）法律规定的其他情形。

深度解析

行政机关工作人员在作为行政主体行使国家或者法律赋予的职权时，代表的是国家和法律，其行为是国家或者机关的行为，但没有行使行政职权的行为就不能称为国家行为，属于公民的个人行为。为了防止个人权力滥用损害国家利益，我国法律明确规定，国家行为造成公民损害时，相对人才可以请求国家赔偿。

77. 市场监督管理局没收的财产已经拍卖，如何赔偿？

◆ 案例分析

林某在运输木材的过程中，因运输了两种不同种类的木材，被市场监督管理局在检查时以没有运输其中一种木材的行政许可为由，没收了其中一种木材。后林某诉至人民法院，人民法院经审理认为林某的经营许可证已经允许林某从事两种木材的运输，所以撤销了没收财产的处罚，但是市场监督管理局已经将没收的木材进行了拍卖，对于市场监督管理局的此种行为，林某可以请求国家赔偿吗？如何赔偿呢？

对行政机关及其工作人员违法没收财物的行政处罚不服，赔偿请求人要求赔偿的，既可以向赔偿义务机关提出，也可以在申请行政复议或提起行政诉讼时一并提出。对于没收的财产已经被行政机关拍卖的，《国家赔偿法》第三十六条作出了明确的规定，即给付拍卖所得的价款。因此，本案中，林某有权请求国家赔偿，该市场监督管理局将木材拍卖的，即以拍卖价格作为赔偿金额。

◆ 法律条文

《中华人民共和国国家赔偿法》

第三十六条 侵犯公民、法人和其他组织的财产权造成损害的，按照下列规定处理：

……

（五）财产已经拍卖或者变卖的，给付拍卖或者变卖所得的价款；变卖的价款明显低于财产价值的，应当支付相应的赔偿金；

……

深度解析

拍卖是一种公开处置财产的方式，拍卖产生合同的效力，法律予以保护。但当公民的财产被拍卖后，发现原来的处罚行为是错误的，行政机关对公民的损失应当赔偿，由于原物已被善意第三人依法取得所有权，返还财产和恢复原状已不可能，因此，《国家赔偿法》规定的赔偿方式是给付拍卖所得的价款。

第九章
刑事法律知识

- 防卫
  - 正当防卫：为了使国家、公共利益、本人或者他人的人身、财产和其他权利免受正在进行的不法侵害，而采取的制止不法侵害的行为，对不法侵害人造成损害的 → 不负刑事责任
  - 防卫过当：正当防卫明显超过必要限度造成重大损害的 → 应当负刑事责任，但是应当减轻或者免除处罚
  - 无限防卫：对正在进行行凶、杀人、抢劫、强奸、绑架以及其他严重危及人身安全的暴力犯罪，采取防卫行为，造成不法侵害人伤亡的，不属于防卫过当 → 不负刑事责任

- 避险
  - 紧急避险
    - 为了使国家、公共利益、本人或者他人的人身、财产和其他权利免受正在发生的危险，不得已采取的紧急避险行为，造成损害的，不负刑事责任 → 关于避免本人危险的规定，不适用于职务上、业务上负有特定责任的人
  - 避险过当
    - 紧急避险超过必要限度造成不应有的损害的，应当负刑事责任，但是应当减轻或者免除处罚

- 犯罪
  - 犯罪预备
    - 为了犯罪，准备工具、制造条件的，是犯罪预备。对于预备犯，可以比照既遂犯从轻、减轻处罚或者免除处罚
  - 犯罪中止
    - 在犯罪过程中，自动放弃犯罪或者自动有效地防止犯罪结果发生的，是犯罪中止
    - 对于中止犯，没有造成损害的，应当免除处罚；造成损害的，应当减轻处罚
  - 犯罪未遂
    - 已经着手实行犯罪，由于犯罪分子意志以外的原因而未得逞的，是犯罪未遂
    - 对于未遂犯，可以比照既遂犯从轻或者减轻处罚

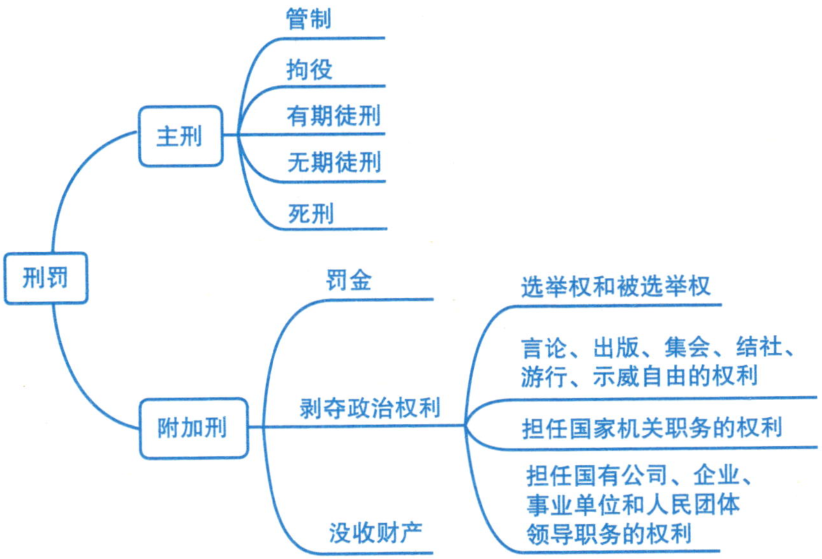
刑罚
主刑
管制
拘役
有期徒刑
无期徒刑
死刑
附加刑
罚金
剥夺政治权利
没收财产
选举权和被选举权
言论、出版、集会、结社、游行、示威自由的权利
担任国家机关职务的权利
担任国有公司、企业、事业单位和人民团体领导职务的权利

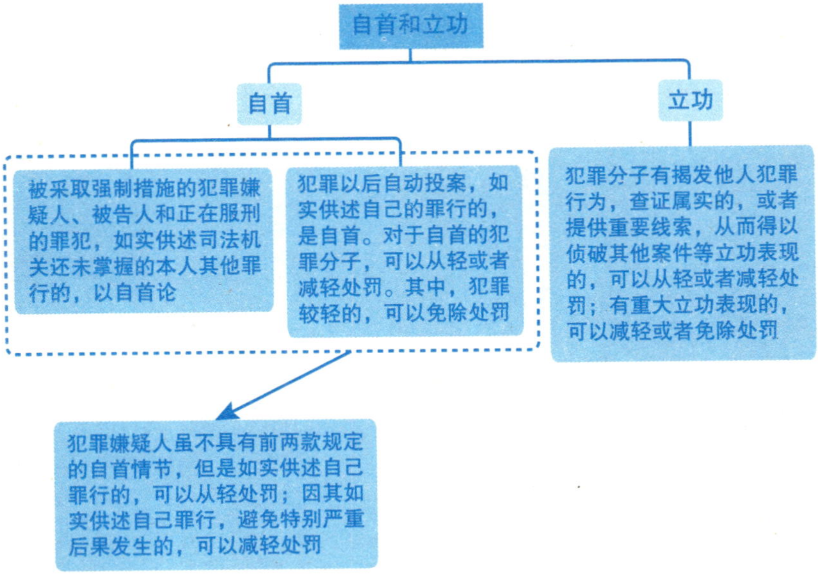
自首和立功
自首
立功
被采取强制措施的犯罪嫌疑人、被告人和正在服刑的罪犯，如实供述司法机关还未掌握的本人其他罪行的，以自首论
犯罪以后自动投案，如实供述自己的罪行的，是自首。对于自首的犯罪分子，可以从轻或者减轻处罚。其中，犯罪较轻的，可以免除处罚
犯罪分子有揭发他人犯罪行为，查证属实的，或者提供重要线索，从而得以侦破其他案件等立功表现的，可以从轻或者减轻处罚；有重大立功表现的，可以减轻或者免除处罚
犯罪嫌疑人虽不具有前两款规定的自首情节，但是如实供述自己罪行的，可以从轻处罚；因其如实供述自己罪行，避免特别严重后果发生的，可以减轻处罚

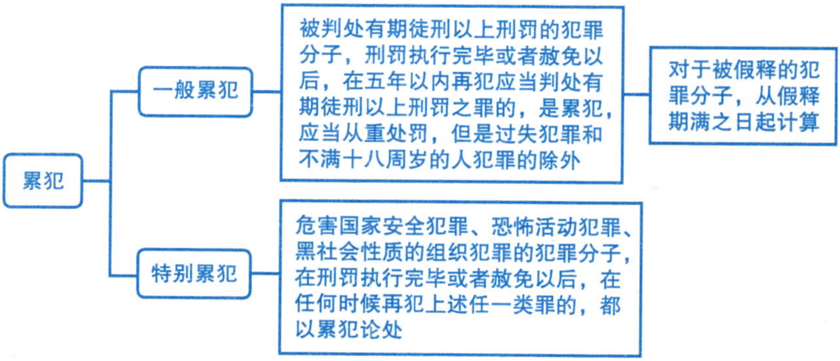
累犯
一般累犯
被判处有期徒刑以上刑罚的犯罪分子，刑罚执行完毕或者赦免以后，在五年以内再犯应当判处有期徒刑以上刑罚之罪的，是累犯，应当从重处罚，但是过失犯罪和不满十八周岁的人犯罪的除外
对于被假释的犯罪分子，从假释期满之日起计算
特别累犯
危害国家安全犯罪、恐怖活动犯罪、黑社会性质的组织犯罪的犯罪分子，在刑罚执行完毕或者赦免以后，在任何时候再犯上述任一类罪的，都以累犯论处

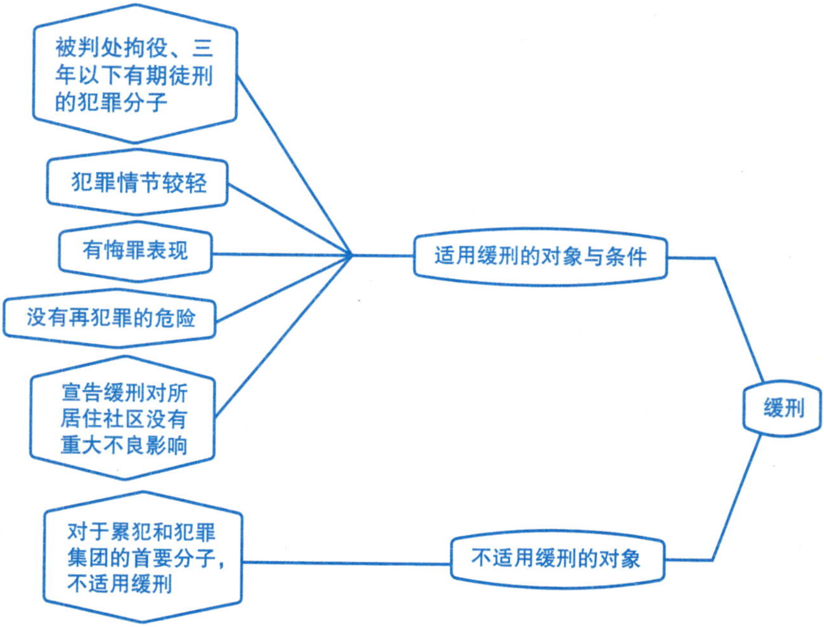
缓刑
适用缓刑的对象与条件
被判处拘役、三年以下有期徒刑的犯罪分子
犯罪情节较轻
有悔罪表现
没有再犯罪的危险
宣告缓刑对所居住社区没有重大不良影响
不适用缓刑的对象
对于累犯和犯罪集团的首要分子，不适用缓刑

- 减刑
  - 条件与限度
    - 被判处管制、拘役、有期徒刑、无期徒刑的犯罪分子，在执行期间，如果认真遵守监规，接受教育改造，确有悔改表现的，或者有立功表现的，可以减刑；有下列重大立功表现之一的，应当减刑
      - 阻止他人重大犯罪活动的
      - 检举监狱内外重大犯罪活动，经查证属实的
      - 有发明创造或者重大技术革新的
      - 在日常生产、生活中舍己救人的
      - 在抗御自然灾害或者排除重大事故中，有突出表现的
      - 对国家和社会有其他重大贡献的
  - 减刑以后实际执行的刑期不能少于的期限
    - 判处管制、拘役、有期徒刑的，不能少于原判刑期的二分之一
    - 判处无期徒刑的，不能少于十三年
    - 人民法院依照本法第五十条第二款规定限制减刑的死刑缓期执行的犯罪分子，缓期执行期满后依法减为无期徒刑的，不能少于二十五年，缓期执行期满后依法减为二十五年有期徒刑的，不能少于二十年

78. 妻子在丈夫不知情的情况下私自接受贿赂，二人构成共同犯罪吗?

◆ 案例分析

赵某是某区法院院长，向来刚正不阿、秉公办案，受到当地群众的一致好评。一次，一名被告人的父亲钱某为了能给自己的儿子脱罪，携重金来到赵某家中行贿，但是被赵某严词拒绝了。事后，钱某不甘心，便趁赵某不在家时偷偷将钱送给了赵某的妻子孙某。孙某收下钱财后一直瞒着赵某，没有告诉他。那么，孙某和赵某构成共同犯罪吗?

本案中赵某没有受贿行为，且自始至终不知其妻子收受他人财物，因此，不构成受贿罪。在查处的领导干部受贿犯罪中，领导干部"身边人"如配偶、子女等参与作案的现象比较普遍。另外，一些已离职的国家工作人员，利用其在职时的影响力，通过其他国家工作人员职务上的行为，为请托人谋取不正当利益，索取或收受请托人财物的现象也时有发生。对此，《刑法》第三百八十八条明确将国家工作人员的近亲属及其他与该国家工作人员关系密切的人纳入受贿罪的犯罪主体范围。据此，本案中赵某之妻孙某构成受贿罪，应当依法被追究刑事责任，而赵某与其妻子孙某并不构成共同犯罪。

◆ 法律条文

《中华人民共和国刑法》

第三百八十八条之一 国家工作人员的近亲属或者其他与该国家工作人员关系密切的人，通过该国家工作人员职务上的行为，或者利用该国家工作人员职权或者地位形成的便利条件，通过其他国家工作人员职务上的行为，为请托人谋取不正当利益，索取请托人财物或者收受请托人财物，数额较大或者有其他较重情节的，处三年以下有期徒刑或者拘役，并处罚金；数额巨大或者有其他严重情节的，处三年以上七年以下有期徒刑，并处罚金；数额特别巨大或者有其他特别严重情节的，处七年以上有期徒刑，并处罚金或者没收财产。

离职的国家工作人员或者其近亲属以及其他与其关系密切的人，利用该离职的国家工作人员原职权或者地位形成的便利条件实施前款行为的，依照前款的规定定罪处罚。

深度解析

根据我国修正前的刑法有关受贿罪的规定，受贿属于国家工作人员的职务犯罪，非国家工作人员不能单独构成本罪。修正条款将领导干部“身边人”也纳入受贿罪的犯罪主体范围意义重大，使得对国家工作人员的近亲属以及其他与其关系密切的人单独受贿的行为进行刑事制裁变得有法可依。

79. 收受了他人的钱财却没办成事，构成受贿罪吗？

◆ 案例分析

周某是某市环保局局长，一次吴某找到周某，请求周某不要把自己的造纸厂列入不合格企业，并送上现金 8 万元。周某故作沉思，说试试。吴某满心欢喜。但是周某收了吴某的钱之后，并没有帮他办成事，那么，周某的行为构成受贿罪吗？

周某的行为仍然成立受贿罪。受贿罪是指国家工作人员利用职务上的便利，索取他人财物，或者非法收受他人财物，为他人谋取利益的行为。需要注意的是，对于被动收受财物的行为，必须要有为他人谋取利益这一条件，但是为他人谋取利益不代表为他人谋到了利益，只要为他人谋利益就成立受贿罪。本案中周某收受他人财物，并答应为他人办事，已经构成受贿罪，至于答应他人的事没办成，并不影响受贿罪的成立。

◆ 法律条文

《中华人民共和国刑法》

第三百八十五条 国家工作人员利用职务上的便利，索取他人财物的，或者非法收受他人财物，为他人谋取利益的，是受贿罪。

国家工作人员在经济往来中，违反国家规定，收受各种名义的回扣、手续费，归个人所有的，以受贿论处。

深度解析

受贿罪包括两种情形：其一，索取他人财物，即索贿，是指行为人在公务活动中主动向他人索要财物，包括向他人勒索财物，不论索取他人财物后是否为他人谋取了利益，均应以受贿罪论处；其二，收受他人财物，为他人谋取利益，是指在行贿人主动提供财物时，行为人不予拒绝，而是予以接受，并许诺、着手或者已经在公务活动中为行贿人谋取利益的行为。另外，违反国家规定收受回扣、手续费也是受贿罪的一种表现形式。

80. 公职人员拥有巨额财产却说不清该财产的来源构成何罪?

◆ 案例分析

梁某是某市环保局的干部，因为有人举报梁某收受贿赂，检察机关对梁某进行了立案侦查。后发现梁某家中存有超过正常收入800万元的现金，检察机关要求梁某说明收入的来源，梁某模棱两可，说不清楚。那么，梁某的行为构成何罪？

梁某的行为构成巨额财产来源不明罪。巨额财产来源不明罪是指国家工作人员的财产或者支出明显超过合法收入，差额巨大，经司法机关责令其说明来源而本人不能说明来源合法的行为。构成本罪，必须要求财产明显超过合法收入，而且差额巨大，不是明显超过合法收入，差额部分不属于巨大的，不构成本罪。《刑法》规定此罪，是由于很多国家工作人员的贪污受贿等行为有时候并不能查出来，但是其财产却明显超过合法收入，对于超出的部分如果其不能证明是合法所得，就推定其是非法所得，以巨额财产来源不明罪定罪处罚。当然，如果能够查明是贪污或受贿所得，则以贪污罪或受贿罪来追究，不再定此罪。本案中，梁某财产超过正常的合法收入800万元，又拒不说明合法来源，因此应该以巨额财产来源不明罪对其定罪处罚。

◆ 法律条文

《中华人民共和国刑法》

第三百九十五条第一款 国家工作人员的财产、支出明显超过合法收入，差额巨大的，可以责令该国家工作人员说明来源，不能说明来源的，差额部分以非法所得论，处五年以下有期徒刑或者拘役；差额特别巨大的，处五年以上十年以下有期徒刑。财产的差额部分予以追缴。

深度解析

巨额财产来源不明罪侵犯的客体是复杂的，即国家工作人员职务行为的廉洁制度和公私财物的所有权。本罪在客观方面表现为国家工作人员的财产或支出明显超过合法收入，且差额巨大，本人不能说明其合法来源。本罪的主体是特殊主体，即国家工作人员。非国家工作人员不能成为本罪主体。本罪在主观上是故意，即行为人明知财产不合法而故意占有，案发后又故意拒不说明财产的真正来源，或者有意编造财产的来源。

81. 法官故意对有罪的被告人判处无罪的行为构成何罪?

◆ 案例分析

林某是某县法院的法官，在一次审理盗窃案时，因为收受了犯罪嫌疑人家属的贿赂 8000 元，林某便以证据不足判处该犯罪嫌疑人无罪。那么，林某的行为构成何罪?

林某的行为构成徇私枉法罪。徇私枉法罪的犯罪主体是司法工作人员，即公检法工作人员。徇私枉法罪主要有三种表现形式：(1) 使无罪的人受到追究，即使没有实施犯罪行为的人被立案侦查、提起公诉、受到审判等；(2) 对有罪者进行包庇使其不受追究，即对有罪的人该立案的不立案，该起诉的不起诉，该审理的不审理等；(3) 在审理中违背事实和法律枉法裁判，即将无罪者判为有罪，罪轻者判罪重，有罪者判无罪，罪重者判罪轻。本案属于第三种情形，对有罪者判无罪。同时，根据《刑法》的规定，司法工作人员收受贿赂，又构成受贿罪的，依照处罚较重的规定定罪处罚。由于林某受贿数额较小，因此受贿罪的处罚低于徇私枉法罪，对林某应该以徇私枉法罪定罪处罚。

◆ 法律条文

《中华人民共和国刑法》

第三百九十九条 司法工作人员徇私枉法、徇情枉法，对明知是无罪的人而使他受追诉、对明知是有罪的人而故意包庇不使他受追诉，或者在刑事审判活动中故意违背事实和法律作枉法裁判的，处五年以下有期徒刑或者拘役；情节严重的，处五年以上十年以下有期徒刑；情节特别严重的，处十年以上有期徒刑。

……

司法工作人员收受贿赂，有前三款行为的，同时又构成本法第三百八十五条规定之罪的，依照处罚较重的规定定罪处罚。

深度解析

徇私枉法主要有以下几种表现形式：（1）对明知是无罪的人，以追究刑事责任为目的进行立案、侦查（含采取强制措施）、起诉、审判的；（2）对明知是有罪的人，故意包庇使其不受立案、侦查（含采取强制措施）、起诉、审判的；（3）在立案后，故意违背事实和法律，致使犯罪嫌疑人、被告人实际脱离司法机关侦控的；（4）在刑事审判活动中故意违背事实和法律，作出枉法判决、裁定，即有罪判无罪、无罪判有罪，或者重罪轻判、轻罪重判的；（5）其他枉法追诉、不追诉、枉法裁判行为。

82. 伙同国家工作人员贪污构成何罪?

◆ 案例分析

贾某是某市文化局工作人员，李某是某公司的业务经理，文化局派贾某采购一批办公用品，李某听说后便找贾某商量，让贾某到李某公司采购，然后在采购单上动手脚，从文化局捞来的钱二人均分。那么，贾某和李某构成何罪?

贾某和李某构成贪污罪的共犯。贪污罪是指国家工作人员或受委托管理国有财产的人员利用职务上的便利，以侵吞、窃取、骗取等手段占有公共财物的行为。利用职务之便是指利用自己主管、管理、经手公共财物的权力和地位形成的便利条件。贪污罪的犯罪主体一般是国家工作人员，即只有具有国家公职身份的人才能构成此罪。但是根据相关司法解释，对那些与国家工作人员勾结，为贪污出谋划策，帮助实施侵吞窃取行为的人，应该以贪污罪的共犯论处，虽然他们不具有国家工作人员的身份，但是借助了国家工作人员的身份侵吞国家财产，这实际上具备了贪污罪的特征。本案中，贾某利用掌管采购的便利，与非国家工作人员李某勾结，共同骗取公共财产，所以二人构成贪污罪的共犯。

◆ 法律条文

《中华人民共和国刑法》

第三百八十二条 国家工作人员利用职务上的便利，侵吞、窃取、骗取或者以其他手段非法占有公共财物的，是贪污罪。

……

与前两款所列人员勾结，伙同贪污的，以共犯论处。

《最高人民法院关于审理贪污、职务侵占案件如何认定共同犯罪几个问题的解释》

第一条　行为人与国家工作人员勾结，利用国家工作人员的职务便利，共同侵吞、窃取、骗取或者以其他手段非法占有公共财物的，以贪污罪共犯论处。

深度解析

贪污共同犯罪根据其主体身份的不同可以分为以下三种情况：(1) 主体都属于国家工作人员，相互利用职务便利或者分别利用自己的职务便利，相互配合、相互利用，共同实施贪污行为的；(2) 不具有国家工作人员身份者与国家工作人员内外勾结，共同实施非法占有公共财物的行为；(3) 具有特定身份者与国家工作人员相互勾结，利用国家工作人员的职务便利非法占有公共财物的行为。

83. 滥用职权批项目造成损失定何罪？

◆ 案例分析

吕某是某市建设局局长，该市需要对外承建一批政府办公楼的项目。吕某的亲戚马某是开建筑公司的，就找到吕某，让他想办法，帮忙把这批项目弄到手。于是吕某未经集体讨论决定，擅自将该项目承包给马某公司，后证明马某公司不具备承包资格，造成该市财政损失 9000 万元。吕某的行为构成何罪？

吕某的行为构成滥用职权罪。滥用职权罪是指国家工作人员滥用职权，致使公共财产、国家和人民利益遭受重大损失的行为。滥用职权表现为两方面：一是超越职权，即国家工作人员实施了其无权实施的行为，包括下级行使上级的职权，本部门行使其他部门的职权，上级越过下级直接代下级行使职权等；二是不正当行使职权，如未遵守法律程序，考虑不相关因素或不考虑应该考虑的因素。本案属于不正当行使职权，对于这种政府工程，通常都要进行招标投标，选取资质合格的承包商来完成。吕某却不走正当法律程序，也未经集体讨论，就一个人擅自作决定，将工程承包给自己的亲戚马某，也未对马某的承包资格进行考察，结果造成工程重大损失，财政亏损 9000 万元，对吕某应该以滥用职权罪定罪处罚。

◆ 法律条文

《中华人民共和国刑法》

第三百九十七条第一款 国家机关工作人员滥用职权或者玩忽职守，致使公共财产、国家和人民利益遭受重大损失的，处三年以下有期徒刑或者拘役；情节特别严重的，处三年以上七年以下有期徒刑。本法另有规定的，依照规定。

深度解析

滥用职权罪是指国家机关工作人员超越职权，违法决定、处理其无权决定、处理的事项，或者违反规定处理公务，致使公共财产、国家和人民利益遭受重大损失的行为。涉嫌下列情形之一的，应予立案：（1）造成死亡一人以上，或者重伤两人以上，或者重伤一人、轻伤三人以上，或者轻伤五人以上的；（2）导致10人以上严重中毒的；（3）造成个人财产直接经济损失10万元以上，或者直接经济损失不满10万元，但间接经济损失50万元以上的；（4）造成公共财产或者法人、其他组织财产直接经济损失20万元以上，或者直接经济损失不满20万元，但间接经济损失100万元以上的；（5）虽未达到（3）和（4）两项数额标准，但第（3）项和第（4）项两项合计直接经济损失20万元以上，或者合计直接经济损失不满20万元，但合计间接经济损失100万元以上的；（6）造成公司、企业等单位停业、停产六个月以上，或者破产的；（7）弄虚作假，不报、缓报、谎报或者授意、指使、强令他人不报、缓报、谎报情况，导致重特大事故危害结果继续、扩大，或者致使抢救、调查、处理工作延误的；（8）严重损害国家声誉，或者造成恶劣社会影响的；（9）其他致使公共财产、国家和人民利益遭受重大损失的情形。

第十章
行政诉讼法律知识

- 行政诉讼
  - 受理范围
    - 对行政拘留、暂扣或者吊销许可证和执照、责令停产停业、没收违法所得、没收非法财物、罚款、警告等行政处罚不服的
    - 对限制人身自由或者对财产的查封、扣押、冻结等行政强制措施和行政强制执行不服的
    - 申请行政许可，行政机关拒绝或者在法定期限内不予答复，或者对行政机关作出的有关行政许可的其他决定不服的
    - 对行政机关作出的关于确认土地、矿藏、水流、森林、山岭、草原、荒地、滩涂、海域等自然资源的所有权或者使用权的决定不服的
    - 对征收、征用决定及其补偿决定不服的
    - 申请行政机关履行保护人身权、财产权等合法权益的法定职责，行政机关拒绝履行或者不予答复的
    - 认为行政机关侵犯其经营自主权或者农村土地承包经营权、农村土地经营权的
    - 认为行政机关滥用行政权力排除或者限制竞争的
    - 认为行政机关违法集资、摊派费用或者违法要求履行其他义务的
    - 认为行政机关没有依法支付抚恤金、最低生活保障待遇或者社会保险待遇的
    - 认为行政机关不依法履行、未按照约定履行或者违法变更、解除政府特许经营协议、土地房屋征收补偿协议等协议的
    - 认为行政机关侵犯其他人身权、财产权等合法权益的
    - 人民法院受理法律、法规规定可以提起诉讼的其他行政案件
  - 不受理范围
    - 国防、外交等国家行为
    - 行政法规、规章或者行政机关制定、发布的具有普遍约束力的决定、命令
    - 行政机关对行政机关工作人员的奖惩、任免等决定
    - 法律规定由行政机关最终裁决的行政行为

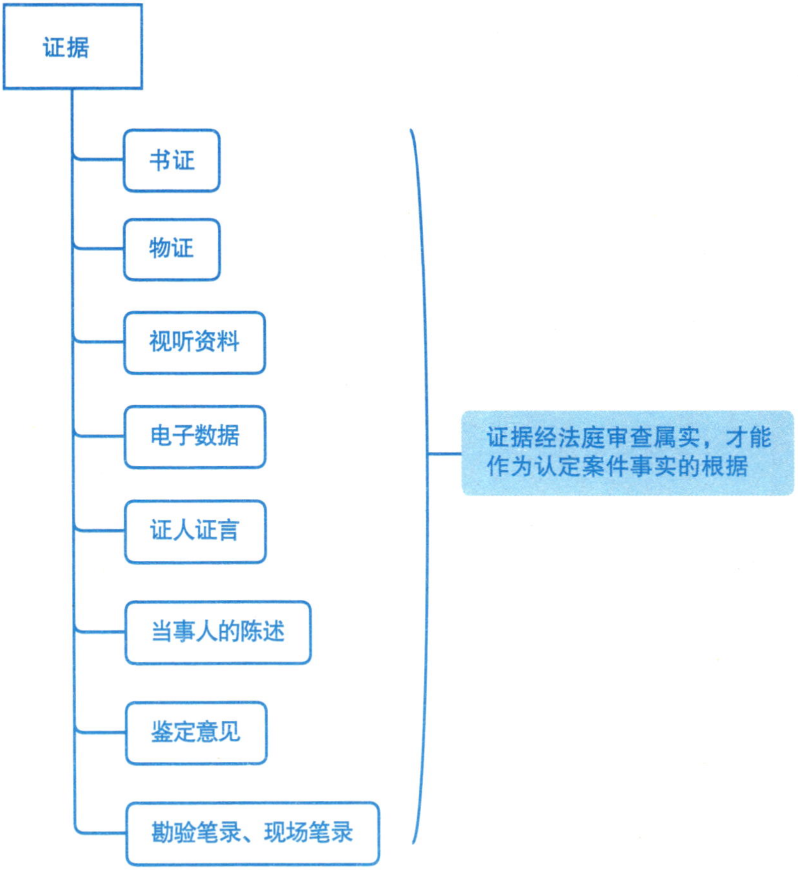
证据
书证
物证
视听资料
电子数据
证人证言
当事人的陈述
鉴定意见
勘验笔录、现场笔录
证据经法庭审查属实，才能作为认定案件事实的根据

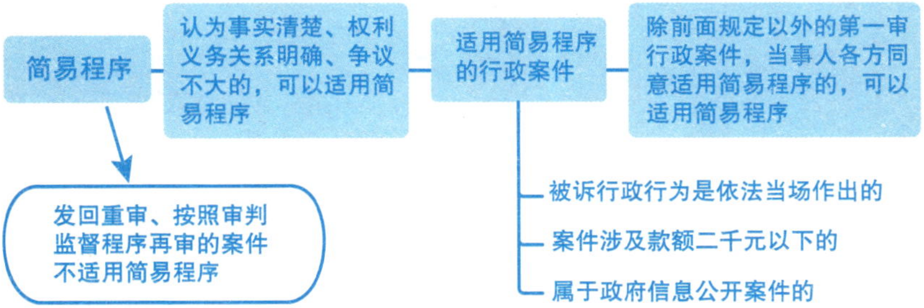
简易程序
认为事实清楚、权利义务关系明确、争议不大的，可以适用简易程序
适用简易程序的行政案件
除前面规定以外的第一审行政案件，当事人各方同意适用简易程序的，可以适用简易程序
被诉行政行为是依法当场作出的
案件涉及款额二千元以下的
属于政府信息公开案件的
发回重审、按照审判监督程序再审的案件不适用简易程序

行政诉讼期间行政行为的执行

- 诉讼期间，不停止行政行为的执行
- 有下列情形之一的，裁定停止执行
  - 被告认为需要停止执行的
  - 原告或者利害关系人申请停止执行，人民法院认为该行政行为的执行会造成难以弥补的损失，并且停止执行不损害国家利益、社会公共利益的
  - 人民法院认为该行政行为的执行会给国家利益、社会公共利益造成重大损害的
  - 法律、法规规定停止执行的

当事人对停止执行或者不停止执行的裁定不服的，可以申请复议一次

诉讼参与人或者其他人有下列行为之一的，人民法院可以根据情节轻重，予以训诫、责令具结悔过或者处一万元以下的罚款、十五日以下的拘留；构成犯罪的，依法追究刑事责任

- 有义务协助调查、执行的人，对人民法院的协助调查决定、协助执行通知书，无故推拖、拒绝或者妨碍调查、执行的
- 伪造、隐藏、毁灭证据或者提供虚假证明材料，妨碍人民法院审理案件的
- 指使、贿买、胁迫他人作伪证或者威胁、阻止证人作证的
- 隐藏、转移、变卖、毁损已被查封、扣押、冻结的财产的
- 以欺骗、胁迫等非法手段使原告撤诉的
- 以暴力、威胁或者其他方法阻碍人民法院工作人员执行职务，或者以哄闹、冲击法庭等方法扰乱人民法院工作秩序的
- 对人民法院审判人员或者其他工作人员、诉讼参与人、协助调查和执行的人员恐吓、侮辱、诽谤、诬陷、殴打、围攻或者打击报复的

有这些规定的行为之一的单位，人民法院可以对其主要负责人或者直接责任人员依照前款规定予以罚款、拘留；构成犯罪的，依法追究刑事责任

罚款、拘留须经人民法院院长批准。当事人不服的，可以向上一级人民法院申请复议一次。复议期间不停止执行

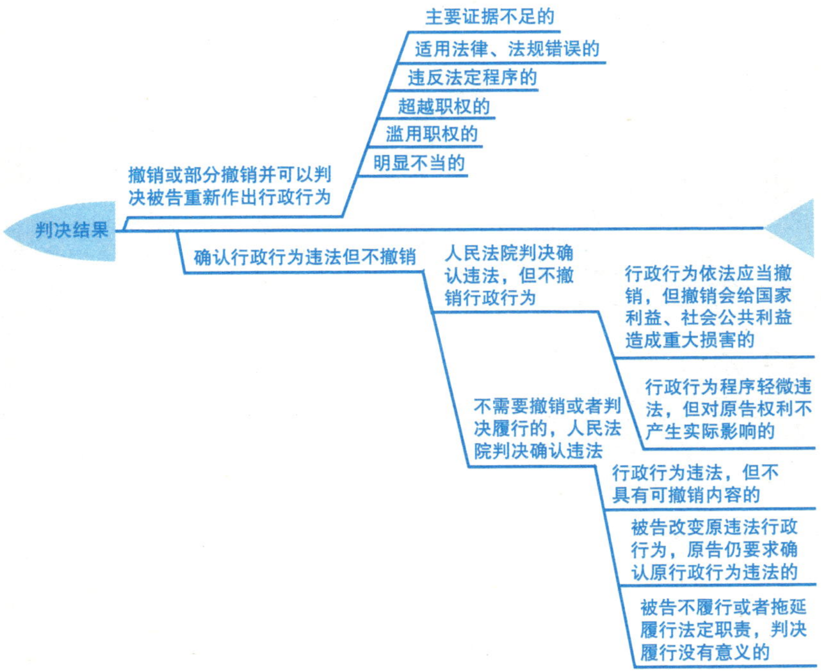
判决结果
撤销或部分撤销并可以判决被告重新作出行政行为
主要证据不足的
适用法律、法规错误的
违反法定程序的
超越职权的
滥用职权的
明显不当的
确认行政行为违法但不撤销
人民法院判决确认违法，但不撤销行政行为
行政行为依法应当撤销，但撤销会给国家利益、社会公共利益造成重大损害的
行政行为程序轻微违法，但对原告权利不产生实际影响的
不需要撤销或者判决履行的，人民法院判决确认违法
行政行为违法，但不具有可撤销内容的
被告改变原违法行政行为，原告仍要求确认原行政行为违法的
被告不履行或者拖延履行法定职责，判决履行没有意义的

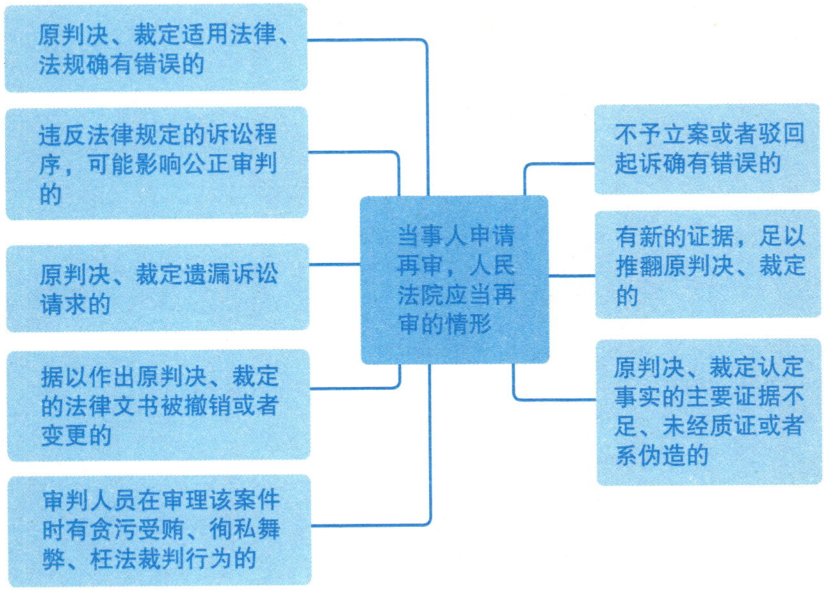
当事人申请再审，人民法院应当再审的情形
原判决、裁定适用法律、法规确有错误的
违反法律规定的诉讼程序，可能影响公正审判的
原判决、裁定遗漏诉讼请求的
据以作出原判决、裁定的法律文书被撤销或者变更的
审判人员在审理该案件时有贪污受贿、徇私舞弊、枉法裁判行为的
不予立案或者驳回起诉确有错误的
有新的证据，足以推翻原判决、裁定的
原判决、裁定认定事实的主要证据不足、未经质证或者系伪造的

行政机关拒绝履行判决、裁定、调解书的，第一审人民法院可以采取的措施
对应当归还的罚款或者应当给付的款额，通知银行从该行政机关的账户内划拨
在规定期限内不履行的，从期满之日起，对该行政机关负责人按日处五十元至一百元的罚款
将行政机关拒绝履行的情况予以公告
向监察机关或者该行政机关的上一级行政机关提出司法建议。接受司法建议的机关，根据有关规定进行处理，并将处理情况告知人民法院
拒不履行判决、裁定、调解书，社会影响恶劣的，可以对该行政机关直接负责的主管人员和其他直接责任人员予以拘留；情节严重，构成犯罪的，依法追究刑事责任

84. 行政诉讼的举证责任由谁承担?

◆ 案例分析

2019 年 10 月，某市卫健委组织卫生执法人员对保健食品市场开展专项治理整顿。在检查过程中，执法人员发现某保健品公司经营不合格保健品。市卫健委责令该公司停业整顿，并处以罚款 8000 元的行政处罚。该保健品公司不服卫健委的决定，提起行政诉讼。请问，行政诉讼的举证责任由谁承担呢?

行政机关负有举证责任。在行政诉讼中，举证责任主要由被诉的行政主体一方承担。法律之所以这样规定，是基于保护原告一方诉权的考虑。原告一方在行政诉讼中原本就处于劣势，如果让原告方负举证责任，会使原告方在行政诉讼中的诉权得不到实质性的保护。此外，由被告方负举证责任，有利于充分发挥行政主体的举证优势，让有能力的一方举证，更能有效地推进诉讼的进程。当然除了以上两点外，还考虑到由被告方负举证责任，可以促进行政主体依法执政，起到监督的作用。本案中，某保健品公司诉卫健委一案，按照我国法律的规定，应由被告卫健委对其处罚的合法性承担举证责任。

◆ 法律条文

《中华人民共和国行政诉讼法》

第三十四条　被告对作出的行政行为负有举证责任，应当提供作出该行政行为的证据和所依据的规范性文件。

被告不提供或者无正当理由逾期提供证据，视为没有相应证据。但是，被诉行政行为涉及第三人合法权益，第三人提供证据的除外。

深度解析

举证责任倒置是行政诉讼举证责任分配的一般原则。行政机关作出某种行政行为，一要有事实根据，二要有法律、法规等规范性文件的依据。因此，在行政诉讼中，被告不仅要提供作出行政行为的事实根据和法律、法规等规范性文件的依据，而且应对提供的材料加以证明，对其作出的行政行为的合法性和合理性承担结果责任。

85. 被告认为原告起诉超法定期限，谁承担举证责任？

◆ 案例分析

秦某系某建筑安装公司工人。2019 年 7 月，秦某在工地干活时，不慎从脚手架上摔下来，导致其左腿粉碎性骨折。2019 年 11 月，某市劳动和社会保障局根据秦某的申请，结合相关的证据材料，认定秦某是在工作中受伤，认定为工伤。该建筑安装公司却认为市劳动和社会保障局工伤认定程序违法、事实不清、证据不足，秦某所受伤害不属于工伤，应依法撤销该工伤认定决定书。2020 年 1 月，该建筑公司提起行政诉讼。市劳动和社会保障局认为原告起诉已经超过了法定期限，那么，对此谁承担举证责任呢？

被告认为原告起诉超过法定期限的，应由被告承担举证责任。在行政程序中，由于行政法律关系中双方当事人地位的不同，行政机关处于主动地位，原告通常很难收集到证据。相对于原告而言，行政机关则具备专业知识和技术条件，具有现实、充分的举证能力。因此，从举证难易的角度来考虑，由被告负举证责任更加公平、合理。

在行政诉讼中，原告一般只承担初步证明责任，如证明自己符合起诉条件；在诉行政不作为时，证明自己提出过申请；在提出损害赔偿请求时，证明自己遭受损害的事实等。如果原告证明自己符合起诉条件，如证明被告适格、符合管辖规定等，而被告认为原告的起诉超过法定起诉期限，应由被告对此承担举证责任。本案中，被告市劳动和社会保障局主张该建筑公司的起诉超过了起诉期限，对此应承担证明责任。

◆ 法律条文

《最高人民法院关于行政诉讼证据若干问题的规定》

第四条第三款 被告认为原告起诉超过法定期限的，由被告承担举证责任。

深度解析

行政诉讼时效的证明责任，是解决由谁来证明原告的起诉是否超过时效的问题。行政诉讼时效一般是从行政相对人知道行政行为侵害自己合法权益之日起计算。在审查起诉阶段，原告证明了其起诉符合条件后，如被告仍行使时效抗辩权，则应由被告对原告超过起诉期限的事实承担举证责任。

86. 缺席判决时，被告提交的证据可以作为定案依据吗？

◆ 案例分析

2019 年 9 月，郭某经过本村村委会同意，承租了本村村西的鱼塘，租赁期限为 20 年。该村村民张某对郭某承包村里鱼塘的行为不满，2019 年 10 月 20 日，张某纠集了几个不明身份的人将郭某鱼塘内的设备、材料及生活用品等全部砸坏，并殴打了郭某。在张某等人开始打砸时，郭某就拨打了报警电话，在打砸过程中又多次拨打报警电话。然而公安局在半个小时以后才到达案发现场，也没有及时阻止、控制张某等人。事后公安局对该案件也没有进一步调查。郭某认为公安局不履行法定职责，于是向法院提起了行政诉讼。

2020 年 8 月，法院公开审理了此行政诉讼案件，公安局庭前出具了几份村民的证人证言、现场勘验笔录及接警记录，用以证明自己履行了职责。但该公安局经过法院合法传唤后，在没有说明理由的情况下，未参加此次庭审。法院在庭审调查后，对此案进行了缺席判决。在缺席判决时，被告提交的证据材料可以作为定案依据吗？

缺席判决是指法院在开庭审理案件时，一方当事人无正当理由拒不到庭或者未经法庭许可中途退庭，法院只对一方当事人进行询问、调查、听取意见，对未到庭一方当事人的起诉状或答辩状审核后，依法作出判决。证据是诉讼的基础，一切诉讼活动要围绕证据进行。被告不参加诉讼，其所提供的证据的客观性、真实性无法查清，也不能确定证据是否和案件有密切的关联性，因此，一般情况下，被告提供的证据在缺席判决中不会被法院采纳。对此，《最高人民法院关于行政诉讼证据若干问题的规定》第三十六条明确规定，经合法传唤，因被告无正当理由拒不到庭而需要依法缺席判决的，被告提供的证据不能作为定案的依据，但当事人在庭前交换证据中没有争议的证据除外。

本案中，被告公安局无正当理由拒不到庭，其所提供证据的真实性和客观性就无法考证，不能作为定案的依据。

◆ 法律条文

《最高人民法院关于行政诉讼证据若干问题的规定》

第三十六条 经合法传唤，因被告无正当理由拒不到庭而需要依法缺席判决的，被告提供的证据不能作为定案的依据，但当事人在庭前交换证据中没有争议的证据除外。

深度解析

行政诉讼中，被告不仅应提供其作出行政行为的证据材料，而且作为负有举证责任的一方，应出庭对自己所作的行政行为的事实和根据进行解释和答辩。法院可以缺席判决的前提条件是，经过两次合法传唤，原被告一方无正当理由拒不到庭。因被告缺席需要缺席判决时，被告提供的证据原则上不能作为定案依据，但庭前交换证据程序中当事人没有争议的证据除外。

87. 被告在作出行政行为后可以再自行收集证据吗?

◆ 案例分析

2019 年 10 月，某县人民政府接到村民举报，称同村村民夏某私自在耕地上建房。该县人民政府接到举报后，在没经过仔细调查的情况下，便认定夏某的房屋为违章建筑，并强行拆除。夏某对县人民政府的处理决定不服，认为他的房屋一部分是合法建筑，但是县人民政府在强行拆除违章建筑的过程中，将其合法建筑也一并拆除。夏某为此提起行政诉讼。在法院审理过程中，县人民政府又收集了几份村民的证人证言试图证明夏某的房屋为违章建筑。那么，被告在法院审理过程中收集的证据可以证明其行为的合法性吗?

行政诉讼证据的收集不同于其他诉讼，被告对被诉行政行为负举证责任，被告在行政诉讼过程中或者在作出行政行为之后收集的证据不能被采用。对此，《最高人民法院关于行政诉讼证据若干问题的规定》第六十条明确规定，被告及其诉讼代理人在作出行政行为后或者在诉讼程序中自行收集的证据，不能作为认定被诉行政行为合法的依据。

本案中，某县人民政府在对夏某作出处罚决定时，没有调查收集夏某房屋是否全部属于违章建筑的证据，在法庭审判过程中才提交了相关证明和证据。依照法律规定，某县人民政府提供的证据不能作为认定被诉行政行为合法的依据。

◆ 法律条文

《最高人民法院关于行政诉讼证据若干问题的规定》

第六十条 下列证据不能作为认定被诉具体行政行为合法的依据：

（一）被告及其诉讼代理人在作出具体行政行为后或者在诉讼程序中自行收集的证据；

……

深度解析

行政诉讼中，被告不得自行收集证据，是行政诉讼特有的证据规则，也是行政诉讼中重要的、运用最为广泛的证据规则和认证规则之一。该规则包括两方面内容：一方面是被告的禁止性取证规则，即被告在作出行政行为之后不得再自行收集证据；另一方面是法院对该类证据的禁止性认证规则，即法院不能将此类证据作为认定被诉行政行为合法的依据。

88. 企业对行政行为不服已经提起诉讼的，行政机关还有权强制执行吗？

◆ 案例分析

2019 年 10 月，某市环保局在检查中发现某焦化有限公司因治污设施不安全运转，造成焦炉无组织排放，冒黑烟。市环保局进一步调查发现，该公司未达到规定转速启动出焦，造成污染物排放不达标。基于上述环境违法行为，市环保局对该公司处以罚款 10 万元的行政处罚，并要求其立即关停相关设施。处罚决定书送达该公司后，该公司认为处罚过重，提起行政诉讼。在这种情况下，市环保局还能向法院强申请强制执行吗？

依据《行政诉讼法》第九十七条的规定，公民、法人或者其他组织对行政行为在法定期限内不提起诉讼又不履行的，行政机关可以申请人民法院强制执行，或者依法强制执行。也就是说，只有在行政相对人在法定期限内不提起行政诉讼又不履行义务的情况下，行政机关才可以依法强制执行。在当事人的法定起诉期间以及整个诉讼期间，行政机关不能行使法律赋予其的行政强制执行权，当然这也就意味着行政行为在实际上处于暂时停止执行的状态。

本案中，因对市环保局的处罚决定不服，该公司向法院提起行政诉讼。该公司对行政行为是否合法有争议，正在通过诉讼程序审查该行政行为的合法性。经过法院审查，该行为合法的应该维持，但违法的则需要撤销，没有再执行的必要和依据。因此，企业已经依法起诉的，行政机关一般不能强制执行。

◆ 法律条文

《中华人民共和国行政诉讼法》

第九十七条 公民、法人或者其他组织对行政行为在法定期限内不提起诉讼又不履行的，行政机关可以申请人民法院强制执行，或者依法强制执行。

深度解析

在行政行为的执行程序中，行政机关依法具有执行权的，由该行政机关强制执行；行政机关没有执行权的，则可以申请人民法院予以强制执行。强制执行行政行为有两个前提：一是公民、法人或其他组织在法定期间内不履行义务；二是公民、法人或其他组织未在法定期间内对该行政行为提起诉讼或复议。

89. 行政诉讼中，当事人申请一并解决相关民事争议的，可以一并审理吗？

◆ 案例分析

孙某与陈某于2007年5月登记结婚。2015年9月，两人出资50万元在县城购买了一套一室两厅的住房，该房屋产权证书上登记的产权人为孙某。2018年10月，陈某因与孙某感情不和而分居，陈某遂搬回娘家居住。2019年8月，孙某在陈某不知情的情况下将房屋卖给了同样不知情的赵某，双方签订了房屋买卖合同，并到县房地产管理局办理了产权变更登记。陈某得知后，认为县房管局审查不严，在自己未在场的情况下，便将其与孙某共同所有的房产变更到第三人赵某名下。于是，陈某将县房管局告上法庭，同时申请法院一并确认孙某与第三人赵某签订的买卖合同无效。那么，法院是否可以一并审理呢？

法院可以对陈某提出的行政争议和民事争议一并审理。根据《行政诉讼法》第六十一条的规定，在涉及行政许可、登记、征收、征用和行政机关对民事争议所作的裁决的行政诉讼中，当事人申请一并解决相关民事争议的，人民法院可以一并审理。有时候，行政诉讼的案件并不是单纯的行政诉讼，它可能还附带着民事争议或者刑事案件。这时就需要人民法院在追求公正的同时还要兼顾效率，法律基于现实考虑，对于这些交错的案件，允许法院一并进行审理，这会更有利于案件的顺利进行，也有利于查明案件真相。

本案中，由于房屋的登记和归属不明发生了争议，陈某提起了诉讼。行政和民事两个案件存在密切联系，法院可以同时受理，这有利于快速了解案情，查明事实真相，节约司法资源，提高司法效率，及时给当事人一个公正、全面、合理的答复。

◆ 法律条文

《中华人民共和国行政诉讼法》

第六十一条 在涉及行政许可、登记、征收、征用和行政机关对民事争议所作的裁决的行政诉讼中，当事人申请一并解决相关民事争议的，人民法院可以一并审理。

在行政诉讼中，人民法院认为行政案件的审理需以民事诉讼的裁判为依据的，可以裁定中止行政诉讼。

深度解析

由行政案件的法官一并审理的民事争议，包括原先由民事法官审理的民事争议，和一直由行政法官审理的民事争议两种。在行政诉讼中，人民法院认为行政案件的审理需以民事诉讼的裁判为依据的，可以裁定中止行政诉讼。这是行政诉讼中“先民后行”的规定，当然其适用的前提应该是须以民事诉讼的裁判为依据。

90. 被告在行政程序中未允许行政相对人申辩所形成的证据效力如何？

◆ 案例分析

甲、乙是某市两家实力雄厚的房地产开发公司。2019 年 5 月，两家公司先后向某市国土资源局递交了申请书，申请在市中心某宗土地上建高层建筑。同年 6 月，某市国土资源局将这块地皮批给了甲房地产开发公司，以乙公司施工许可证、建设工程规划许可证不合法为由驳回了乙房地产开发公司的申请。乙房地产开发公司认为自己比甲公司更符合审批条件，市国土资源局没有听取其公司陈述的主张和解释。乙房地产开发公司在得知自己有听证权利后的五日内，以利害关系第三人的身份申请听证，但市国土资源局仍没有举行听证会。于是，乙房地产开发公司向法院提起行政诉讼。在法院审理案件过程中，被告在行政程序中未允许行政相对人申辩也未举行听证会所形成的证据能证明其行政行为的合法性吗？

陈述权是当事人在申请行政许可的过程中，对取得许可的理由、依据、事实进行说明，陈述自己主张和要求的权利。申辩权是当事人在行政许可的申请过程中，对行政机关或者有利害关系的第三人提出的不利于当事人获得审批的理由、事实、问题进行解释、澄清、辩解的权利。陈述权和申辩权是行政相对人享有的一项法定权利，行政机关应尊重并正确对待，不能随意剥夺。被告在行政程序中未允许行政相对人进行申辩，也未依法举行听证会所形成的证据不能证明其行为的合法性。《最高人民法院关于行政诉讼证据若干问题的规定》第六十条明确规定，被告在行政程序中非法剥夺公民、法人或者其他组织依法享有的陈述、申辩或者听证权利所采用的证据，不能作为认定被诉行政行为合法的依据。

本案中，某市国土资源局没有听取乙房地产开发公司的陈述和申辩，也没有依法举行关于此行政许可的听证会，在此情况下形成的证据不符合法律规定，将不会被法院所采纳。

◆ 法律条文

《最高人民法院关于行政诉讼证据若干问题的规定》

第六十条　下列证据不能作为认定被诉具体行政行为合法的依据：

……

（二）被告在行政程序中非法剥夺公民、法人或者其他组织依法享有的陈述、申辩或者听证权利所采用的证据；

……

深度解析

在行政诉讼中，由于原被告双方实力的不平等，法律更加侧重保护原告的陈述权和申辩权，以便更好地维护原告的合法权益。陈述权和申辩权是行政相对人依法享有的一项权利，不但有利于明确案件事实真相，也有利于使原告在陈述和申辩的过程中更清楚地认识自己的行为和行政行为，有利于案件的顺利解决。所以，在行政诉讼中必须严格确保原告方享有的陈述权和申辩权。

图书在版编目（CIP）数据

公务员法律知识学习手册：实用导图版／八五普法图书中心著．—北京：中国法制出版社，2021.11
ISBN 978－7－5216－2067－2

Ⅰ．①公…　Ⅱ．①八…　Ⅲ．①法律－基本知识－中国
Ⅳ．①D920.4

中国版本图书馆CIP数据核字（2021）第143445号

责任编辑：赵宏　　封面设计：李宁

公务员法律知识学习手册：实用导图版
GONGWUYUAN FALÜ ZHISHI XUEXI SHOUCE：SHIYONG DAOTUBAN

著者/八五普法图书中心
经销/新华书店
印刷/三河市国英印务有限公司
开本/880毫米×1230毫米　32开　　印张/8　字数/101千
版次/2021年11月第1版　　2021年11月第1次印刷

中国法制出版社出版
书号ISBN 978－7－5216－2067－2　　定价：39.80元

北京市西城区西便门西里甲16号西便门办公区
邮政编码：100053　　传真：010－63141852
网址：http：//www.zgfzs.com　　编辑部电话：010－63141832
市场营销部电话：010－63141612　　印务部电话：010－63141606

（如有印装质量问题，请与本社印务部联系。）